U0112054

大展好書　好書大展
品嘗好書　冠群可期

大展好書　好書大展
品嘗好書　冠群可期

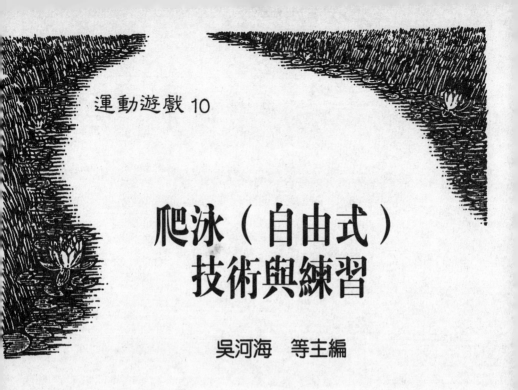

運動遊戲 10

爬泳（自由式）
技術與練習

吳河海　等主編

大展出版社有限公司

內容提要

　　游泳是一項水浴、空氣浴、日光浴三者結合的體育運動項目。經常游泳對提高身體各器官、各系統的功能有良好的作用，能強身健體、促進身心健康，還能健美、減肥以及防病、治病。因此，游泳一直深受人們的喜愛。

　　爲滿足廣大游泳愛好者的需要，尤其是少年兒童學游泳的需要，使他們懂得一些游泳的基本知識，儘快掌握游泳的基本技術，我們特地編寫了這本書。

　　本書主要介紹爬泳（自由式）的技術、學爬泳的練習方法以及如何才能游得遠、游得快；還介紹了爬泳的出發、轉身技術和爬泳的發展概況、比賽規則、等級標準、優秀運動員以及有關趣聞。

　　本書的教學、練習方法具體，內容實用，圖文並茂，既可幫助初學者學爬泳，也可幫助爬泳愛好者提高技能。

　　本書可作爲少年兒童自學的課本和家長輔導孩子游泳的教材，也可作爲中、小學游泳教學和游泳

場游泳班的教材，並且也是其他游泳愛好者的良好參考書。由於水準所限，本書難免有不足之處，歡迎廣大讀者批評指正。

目 錄

一、爬泳概述

二、爬泳技術介紹

三、學爬泳的步驟及計劃安排

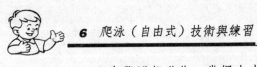

四、下水前的熱身運動

五、熟悉水性

十、爬泳知識介紹

一、
爬泳概述

什麼叫爬泳
爬泳為什麼也稱為自由式
爬泳為何速度最快
爬泳的由來與發展
中國爬泳的水準

一、爬泳概述

1. 什麼叫爬泳

爬泳的名稱來自它的動作外觀特徵。游爬泳時，身體俯臥水面，兩腿上下交替打水，兩臂輪流向後划水，動作像爬行，所以人們稱它為爬泳。

2. 爬泳為什麼也稱為自由式

在競技游泳比賽中，設有自由式、仰式、蛙式、蝶式比賽項目。游泳競賽規則規定，自由式項目比賽中，運動員可採用任何姿勢。由於在所有的游泳姿勢中，自由式的速度最快，所以在自由式項目比賽中，運動員都採用自由式參賽。久而久之，人們就習慣把爬泳稱為自由式。

3. 爬泳為何速度最快

游爬泳時，身體俯臥水面，幾乎與水面平行，在各種競技游泳姿勢中，爬泳的流線型保持得最好，受到水

的阻力亦最小。爬泳是側向轉頭吸氣，減少了呼吸時的身體起伏，也減少了前進阻力。爬泳時兩臂輪流向後划水，經空中向前移臂。既加長了臂的划水路線，產生更大的推進力，又避免了臂前移的阻力。兩臂輪流向後划，能連續不斷地產生推進力，使游速均勻。

爬泳兩腿動作是上下交替打水，除能產生推進力外，還可協調兩臂發揮更有力的划水作用。因此，與其他游泳姿勢相比，爬泳速度是最快的。

4. 爬泳的由來與發展

爬泳的起源歷史悠久，從我國和世界其他國家的文物中可發現，古時人類所採用的泅水姿勢，就有很多是兩臂輪流地划水和兩腿上下分離地打水的動作，很像今日的爬泳。

1896 年在雅典舉行的第一屆奧運會上，只設自由式項目比賽。比賽中運動員有的採用兩臂輪流划水、空中移臂、兩腿蹬夾的技術，也有採用單手出水的側泳技術，姿勢五花八門。

1900 年第二屆奧運會上，匈牙利運動員哈爾梅採用兩臂輪流划水，拖著兩腿游進的爬泳姿勢，獲得 200公尺自由式第二名。

1902 年後，在澳大利、英國、美國相繼出現了兩

臂輪流向後划水，兩腿有節奏的上下打水技術，這是現代爬泳技術的雛形。

美國人丹尼爾斯最先使用兩次划水、6 次打水技術，在 1904 年奧運會獲 220 碼和 440 碼自由式金牌，在 1908 年奧運會上獲 100 公尺自由式金牌並創世界紀錄。1922 年，美國運動員韋斯摩勒在男子 100 公尺自由式比賽中，第一個突破 1 分大關，開創了爬泳技術的新紀元，他採用的游泳姿勢成為當時爬泳的典型。

1924 年，他把男子 100 公尺自由式的世界紀錄提高到 57.4，並保持 10 年之久。這之後爬泳由比賽、實踐，技術不斷改進發展，在動作配合和風格上出現多種形式和流派，例如，先後出現的「6：2：1」配合、「4：2：1」配合、「2：2：1」配合，「規則打水」配合、「不規則打水」配合等等。湧現了數不勝數的優秀運動員。

最近的名將就有美國的賈格爾、比昂迪、埃文斯、湯普森，澳大利的帕金斯、索普，俄羅斯的波波夫，中國的楊文意、樂靖宜等。

目前的男女 100 公尺自由式世界紀錄分別是 47.84 和 53.17，均是在 2000 年雪梨奧運會上，由荷蘭的霍根邦德和德布魯因所創造的。

5. 中國爬泳的水準

中國爬泳技術水準，在新中國成立後有很大的提高。1957年林錦珠和1960年符大進的100公尺自由式成績均可排在當時世界的第六位。

20世紀80年代末期，中國女子短距離自由式項目率先邁進世界高水準行列。

1988年楊文意在第三屆亞洲游泳錦標賽上打破女子50公尺自由式世界紀錄。1992年楊文意、莊泳在第二十五屆奧運會分別獲得女子50公尺和100公尺自由式金牌。1994年樂靖宜在第七屆世界游泳錦標賽上獲女子50公尺和100公尺自由式金牌，並創世界紀錄。在1996年奧運會上，樂靖宜又獲女子100公尺自由式金牌。男運動員蔣丞稷取得50公尺自由式第四名。女子中長距離項目也出現了歷史性的突破。1998年陳妍在第八屆世界游泳錦標賽女子400公尺自由式比賽中獲金牌，1999年陳樺在第四屆世界短池游泳錦標賽上獲女子800公尺自由式金牌。

為什麼說爬泳技術水準的高低可衡量一個國家的游泳水準呢？因為在奧運會游泳比賽等大賽中，設立的比賽項目一共有32項，其中自由式就有14項，占44%。這些項目分別是男、女50公尺、100公尺、200公尺、

400 公尺、800 公尺（女）、1500 公尺（男）自由式，4×100 公尺和 4×200 公尺自由式接力。此外，在男、女 200 公尺、400 公尺個人混合式和 4×100 公尺混合式接力共 6 項中也都有自由式。並且，參加自由式比賽的運動員，都採用了爬泳技術。

因此，爬泳在游泳競賽中是最重要的項目，一個國家總體的游泳水準高低，往往反映在自由式（即爬泳）比賽的成績上。所以爬泳技術水準的高低，可衡量一個國家或地區的游泳水準。

二、
爬 泳 技 術 介 紹

身體姿勢
腿的動作
手臂動作
手臂與呼吸的配合
手臂與腿的配合
爬泳總配合

二、 爬泳技術介紹

　　爬泳技術動作由腿、臂、呼吸幾部分動作及其協調配合組成，有「6：2：1」配合、「4：2：1」配合」、「2：2：1」配合之分。除中長距離外，運動員多數採用「6：2：1」配合。「6：2：1」配合，即兩腿上下交替打水6次，兩臂輪流向後划水2次，向側轉頭呼吸1次的配合。圖1是爬泳一個完整動作周期的連續動作圖。

①

　　右手在同側肩前入水，左臂已完成一半划水動作。口和鼻從容地呼氣。

右臂入水後向前伸，左臂繼續向後划水。

右手繼續向前、向下移動，左手划回到身體中線向後推水。

右臂向下壓，右手腕開始向下勾，左臂繼續推水。

⑤

右臂開始抬肘屈腕，左臂接近完成划水動作，開始提肘。

⑥

左臂完成划水動作，左腿用力向下打水。右臂高肘屈臂，準備開始划水。

⑦

左臂提肘出水，開始向前移臂。右臂高肘屈臂向後內划水。

左臂提肘移臂至中段，右臂繼續高肘屈臂划水。

　　右臂完成一半划水動作，手划至中線。左臂繼續經空中前移。呼氣量開始增加。

　　右手沿身體中線繼續向後划水，左手在同側肩前入水。頭開始沿身體縱軸轉動，呼氣量繼續增加。

右臂繼續向後划水，頭繼續轉向側面，繼續呼氣。左臂入水。

右臂繼續向後划水，繼續向側轉頭，隨著呼氣量的增加，嘴進一步張大。

右臂繼續向後划水，嘴轉至接近水面。左臂入水後前伸。

右臂完成划水動作，右腿開始向下打水。嘴露出水面，開始吸氣。

右臂提肘出水，手掌轉向內，右腿用力下打，嘴張大吸氣。

右臂開始向前擺，右腿完成向下打水動作。吸氣接近完成。左臂高肘屈臂開始划水。

右臂繼續前擺，頭開始回轉，左臂高肘屈臂划水。

右臂即將入水，臉將完全浸入水中，左臂繼續向後划水。

圖1　爬泳技術連續動作圖

1. 身體姿勢

　　游爬泳時，身體俯臥於水中，儘可能保持水平姿勢，略抬頭、水面齊髮際（圖2、圖3），爬泳游進中，身體隨划水和移臂動作而不停地、有節奏地沿身體縱軸轉動，向每側轉動的角度為 35°～45°（兩肩連線與水面形成的夾角）（圖4）。

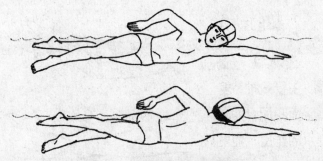

圖2　游進時的身體姿勢

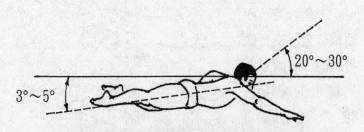

圖3　游進時，身體與水平面保持的角度

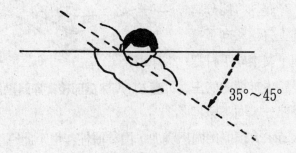

圖4　轉動的角度

2. 腿的動作

爬泳腿的動作，主要是維持身體平衡和配合兩臂划水的作用，並能產生一定的推進力。

游爬泳時，兩腿輪流上下交替做打水動作，兩腳上下打水的幅度為30～40公分，圖5顯示了爬泳腿的過程。

爬泳打腿分為向上打腿和向下打腿，其中向下打腿是產生推進力的主要部分。向下腿打

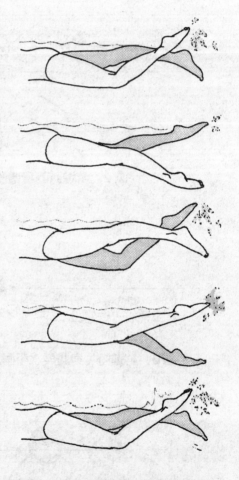

圖5 爬泳腿部技術連續動作圖

水時，大腿開始向下發力，由於慣性作用，此時小腿和腳仍繼續向上移動，當膝關節彎曲約成160°角時（此

時腳升至水面），小腿和腳開始向下移動，當膝關節尚未完全伸直，大腿開始向上打水而小腿和腳仍繼續向下，直到膝關節完全伸直。此後，小腿和腳隨大腿向上移動，當腳上移尚未升至水面時，大腿開始向下打水，進入下一次打水動作。

爬泳腿打水時，兩腳應稍內扣，踝關節放鬆，由大腿發力，帶動小腿和腳做上下鞭狀打水動作。

3. 手臂動作

游爬泳時，兩臂輪流交替地向後划水，是推動身體前進的主要力量，為了講解方便，我們將手臂動作分為入水、抱水、划水、出水和空中移臂五個部分。

（1）入水

臂入水時，肘關節略屈並高於手，手指自然伸直併攏，掌心朝向側下方，大拇指領先入水（圖6-A），入水點在肩的延長線上或在身體中線與肩延長線之間，整個手臂入水的順序應為手、前臂、上臂。

（2）抱水（抓水）

抱水動作好像是用手臂去抱一個大圓球，是為划水做準備的（圖6-A～C）。

手臂入水後，積極插向前下方，使手臂伸直，同時手臂外旋，使入水時的掌心向側下方轉為向正下方，緊

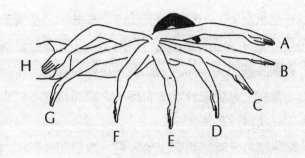

圖6　爬泳手臂動作

接著勾手腕、屈肘、使手向下後方移動，而上臂則幾乎保持不動，當手移至頭的前下方，手臂與水面約成 40°角時，抱水動作結束（圖6-C），此時肘關節彎曲成150°角左右，肘高於手。

（3）划水

划水是獲得推進力的主要階段，這一階段又分為兩個部分，即拉水和推水。

拉水（圖6-C～E）過程中，肘關節彎曲的程度逐漸加大，前臂和手的運動速度要快於上臂，手的運動方向主要是向後、向內，當手划到肩的下方時，拉水動作結束，此時手臂與水面垂直，肘高於手，肘關節彎曲成90°～120°角（圖7）。

推水（圖6-E～G）過程中，應在盡量使前臂和手以最大面積向後對準水的情況下，整個手臂同時向後移

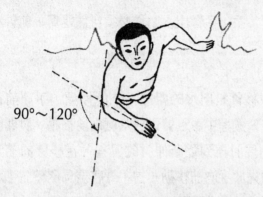

90°～120°

圖7　划水時，肘關節彎曲的角度

動，肘關節逐漸伸直，手的
運動方向是向後、向上、向
外，當手划至大腿旁邊時，
推水動作結束，此時，肘關
節幾乎伸直。游爬泳時，手
在水下的移動路線為「S」
型（圖8），移動速度是由
慢到快的，要有明顯的加速
划水動作。

（4）出水

　划水結束後應立即在肩
的帶動下將手臂提出水面，
出水的順序依次是肩、上

圖8　手在水下的移動路線

臂、前臂、手，手臂出水動作必須自然連貫，前臂和手放鬆。

（5）空中移臂

空中移臂是出水的繼續，不能停頓，手和前臂放鬆。在移臂過程中，上臂以肩為軸向前移動，肘關節經歷了逐漸屈肘再到逐漸伸肘的過程。在移臂的前半部分，肘領先於手向前移動，當手臂移至肩側時，手和前臂開始超過肘向前移動，並為入水做好準備。

（6）兩臂的配合技術

爬泳兩臂的正確配合是前進速度均勻性的重要條件之一，划水時，依照兩臂所處的不同位置，可以分為三種配合形式，即前交叉、中交叉和後交叉。

①前交叉配合：一臂入水時，另一臂處於肩前方，與水平面構成30°角左右（圖9）。

②中交叉配合：當一臂入水時，另一臂處於肩下

圖9　前交叉配合

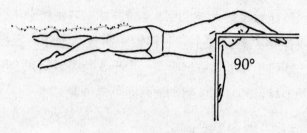

90°

圖10　中交叉配合

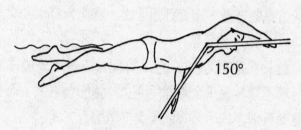

150°

圖11　後交叉配合

方，與水平面構成 90°角左右（圖10）。

　　③後交叉配合：當一臂入水時，另一臂處於腹部下
方，與水平面構成 150°角左右（圖11）。

4. 手臂與呼吸的配合

　　游爬泳時，呼吸動作應有節奏地進行，一般是兩臂
各划一次，做一次呼吸。以向右側吸氣為例，右手入水
後，口鼻開始逐漸呼氣，並隨著划水的進行加速呼氣，

拉水動作結束轉入推水時，身體開始向右側轉動，同時在身體轉動的基礎上向右轉頭。當推水動作將要結束時，嘴露出水面並張口吸氣，手出水時吸氣結束，然後頭隨著移臂和身體的轉動而轉回正常位置。

5. 手臂與腿的配合

爬泳手臂與腿的配合有多種形式，其中 6：2 配合是較常見的一種，即臂划水 2 次、腿配合打水 6 次（通常稱為 6 次打腿配合）。

此外，還有 4：2、2：2 等配合方式，一般來說，短距離運動員幾乎全部採用 6 次打腿配合方式，而長距離運動員則多採用 2 次或 4 次打腿配合方式。

6. 爬泳完整配合

爬泳完整配合動作即腿、臂、呼吸完整配合動作，短距離多採用 6：2：1 配合，在一個完整的動作周期內，運動員兩臂各划水 1 次，兩腿各打 3 次，呼吸 1 次（圖 1）。

三、
學爬泳的步驟及計劃安排

初學者先要熟悉水性再學習泳式動作

先學腿部動作，掌握水中平浮

先陸後水，以水為主

學習爬泳的計劃進度安排

輔導孩子學游泳時要注意的問題

三、 學爬泳的步驟及計劃安排

1. 初學者先要熟悉水性再學泳式動作

游泳與在陸上活動有很多不同，首先是活動環境不同。游泳是在水的環境中進行的，由於水有浮力、有壓力，水的阻力比空氣阻力大 800 多倍。

初學者乍一下水，會站立不穩，呼吸困難，移動困難，因而心裡緊張害怕。

其次是游泳時呼吸方法不同和人體姿勢不同。游泳的呼吸方法是用口吸氣，用口或鼻呼氣。由於在陸上，平時習慣用鼻吸氣，在游泳時，如果也用鼻吸氣，就很容易嗆水。

在陸上活動，人體習慣直立姿勢，而游泳時身體是平臥（俯臥、仰臥或側臥）水面，這就改變了人體的空間定向的正常感覺，影響了前庭器官的穩定性，造成身體經常處於不平衡狀態。

再次是身體運動的動力不同。在陸上做動作是利用固定的支撐反作用力使身體運動，而游泳是在一種不能

作為固定支撐的液體中進行的運動。是利用水的浮力支撐身體，浮到水面，利用水對肢體動作的阻力所形成的支撐反作用力推動身體前進。

因而人體平時在日常生活中形成的走、跑、跳、投等技能，不能在水中直接運用，幾乎所有的游泳動作技能都要從頭學起。

由於上述原因，決定了初學者開始學游泳不是先學哪一種姿勢，而是要先到水的環境中去，通過熟悉水性練習來體會和了解水的浮力、阻力、壓力等。逐步適應水的環境，消除怕水心理，並掌握水中行走、浸入水中、呼吸、浮體、站立、滑行等動作和技能，為學習各種姿勢的游泳技術打下良好的基礎。

2. 先學腿部動作，掌握水中平浮

游爬泳時，身體俯臥於水面，由於身體的上半身浮力大於下半身，腿會下沉，為保持身體的平浮，須先學腿的打水動作，使雙腳取得水的支撐反作用力，既可推動身體前進，又可使腿部不下沉。

如學腿部動作之前先學手臂動作，腿會下沉，身體無法保持水平與平衡，就難於把完整動作學好。因此，初學者應先學腿部動作，再依次學習手臂動作、手臂與呼吸配合和臂、腿與呼吸的完整配合動作。

3. 先陸後水，以水爲主

先陸後水，即先在陸上練習再到水中練習。學習初期在陸上進行練習主要是指模仿練習。進行陸上模仿練習可以利用視覺的幫助，看清動作路線、方向、結構，自己做得是否正確，隨時可以改正。透過反覆模仿練習，初步體會動作要領，為在水中練習，真正掌握動作要領奠定基礎。

經過陸上模仿練習，明確了動作概念、初步體會了動作要領後，就要及時轉到水中練習，在水中體會動作的結構和路線、方向。經過水中反覆練習，掌握游泳動作，再透過水中反覆練習鞏固游泳動作。

4. 學習爬泳的計劃進度安排

表1是一個學齡兒童初學者學爬泳的12次課計劃進度安排表。在淺水池學習，每次學習時間為1～1.5小時。學習時每個動作按要領（見本書五、熟悉水性，六、爬泳技術練習）進行練習，達到相應要求後，才能轉入學下一個動作。所以，有些人可學得快些，用10次課或更少時間可學完；有些學得慢的人，可延長學習時間。

總之，學習要以真正掌握動作為目的，打好基礎，

表1　學習自由泳進度表

學習內容		1	2	3	4	5	6	7	8	9	10	11	12	動作要求
游泳及安全常識		✓												了解爬泳基本知識。
熟悉水性練習	水中行走、浸水	△												面部浸入水中結合練習憋氣，每次憋氣要求達10秒以上。
	浮體與站立	✓	△	✓										能浮起來，浮體後能站立穩。
	呼吸		△	✓	✓	✓	✓							在水中呼氣，在水面上用口吸氣，連續呼吸20次以上（中間不停）。
	滑行與站立		✓	△	✓	✓	✓							蹬邊或蹬池底滑行達3公尺以上。
爬泳	腿部動作			✓	△	△	✓	✓	✓					一口氣打腿達8公尺以上。
	臂及臂與呼吸配合動作				✓	△	✓	✓						兩臂交替向後划水，向側轉頭呼吸。同側手臂前伸時開始呼氣，划水時轉頭，推水時吸氣。
	分解划臂的臂腿配合動作					✓	△	✓	✓					一臂划水時，另一臂前伸，划水結束向前移臂入水後，另一臂才開始划水。臂動作過程，兩腿同時做上下交替打水，動作協調，不呼吸能游10公尺以上。
	臂腿配合動作						✓	△	✓	✓	✓			兩臂中交叉配合輪流划水，兩腿上下交替打水，2次臂6次腿配合，動作協調，不呼吸能游15公尺以上。
	臂、腿、呼吸完整配合							✓	△	△	△	✓	✓	在上述動作基礎上，加上呼吸動作配合，即每次右（或左）臂划水時向右（或左）側轉頭，推水時吸氣，能游25公尺以上。
	增長距離游										✓	△	△	改進動作，不斷延長每次的游距。
水中玩耍、遊戲		✓	✓	✓	✓	✓	✓	✓	✓	✓	✓	✓	✓	

註：表中「△」符號，為主要學習內容，學習時間要多些，練習時間要多些，練習要達到動作要求。

不要趕進度。否則，欲速則不達。假如，已會蛙泳或仰泳者學自由泳，熟悉水性練習可減少些，已會仰泳再學自由泳，因動作相似（不同的只是前者仰臥，後者是俯臥），學習進度可以再加快。

5. 輔導孩子學游泳時要注意的問題

小孩喜歡游泳，每個家長也都希望自己的孩子能儘快學會游泳。不管是把孩子送到游泳初級教學班去學，還是家長自己輔導孩子學游泳，都應清楚學游泳時要注意的問題。

（1）安全第一，要切實遵守泳場有關安全衛生守則。在游泳時，家長不要隨便離開孩子，更不能讓孩子單獨到深水區去。

（2）要想孩子儘快學會游泳，首先是要培養孩子對游泳的興趣，使他喜歡水，喜歡游泳，不要強制孩子做他不願做或不敢做的動作。

（3）幫助孩子樹立學會游泳的決心和信心，不要三天打魚，兩天曬網或中途放棄。

（4）輔導孩子學游泳必須有計劃，注意方法。

（5）多採用誘導性練習，多以玩的方式進行，多輔導孩子自學自練。當孩子不能一下子學會動作或出現錯誤動作時，要有耐心，不能急躁，更不能訓斥，而應

多鼓勵、表揚，要使孩子感到自己的進步，樹立學會游泳的信心。

（6）每次在水中練習的時間不宜過長，特別是水溫較低時要更加注意。當孩子感到冷，情緒不高不想練時，就應立即上岸，擦乾身體保暖。

四、
下水前的熱身運動

頭部運動
屈肘轉肩運動
臂繞環運動
腰部運動
腹背運動
膝部運動
壓腿運動

四、 下水前的熱身運動

　　熱身運動也稱準備活動。任何體育項目，在練習前都要做好熱身運動，熱身運動的目的是使身體發熱，克服機體的僵硬狀態，動員身體各器官系統機能，使其進入工作狀態，防止肌肉、關節、韌帶的運動損傷。

　　游泳是在比人體體溫低的水中進行，更是需要在下水前認真做好熱身運動，防止抽筋、暈倒等水上事故的發生。

　　下水前的陸上熱身運動，一般由活動性的練習、柔韌性的練習組成，可做徒手操（廣播操、健美操等）、舞蹈、慢跑、壓腿、壓肩及各種關節練習等。

　　熱身運動要有一定的量，但又不可過於激烈，讓身體微微出汗即可。熱身運動後，應休息片刻，待汗乾後，方可沐浴下水。下面介紹一套游泳熱身操，以供參考。

圖12　頭部運動

1. 頭部運動

　　兩腳左右開立，兩手叉腰，頭部先向前，再向後振動，然後再向左右振動，接著由左向右繞圈，再由右向左繞圈（圖12）。

2. 屈肘轉肩運動

　　兩腿自然站立，屈肘，將指尖搭在肩關節處，以肩為圓心，上臂為半徑，兩臂屈肘同時向前繞環，然後再

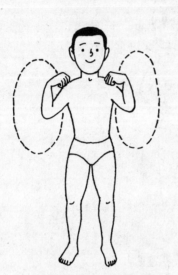

圖 13　屈肘轉肩運動

圖 14　臂繞環運動

向後繞環轉動（圖 13）。

3. 臂繞環運動

　　兩腳自然開立，兩臂伸直同時向前繞環，然後再向後繞環（圖 14）。

4. 腰部運動

　　兩腳開立，與肩同寬；兩手叉腰；髖關節由左向右

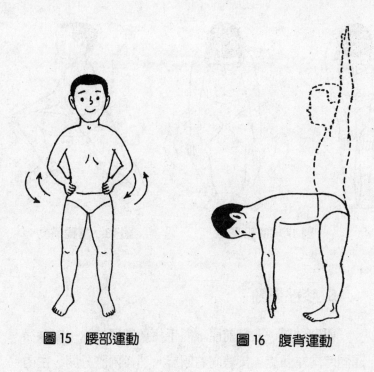

圖15　腰部運動　　　　　　圖16　腹背運動

繞環，然後再由右向左繞環（圖15）。

5. 腹背運動

　　兩腳併攏站立，兩臂同時向上、向後振動，接著向下振動觸地，臂向下時，身體隨之成體前屈，兩腿伸直（圖16）。

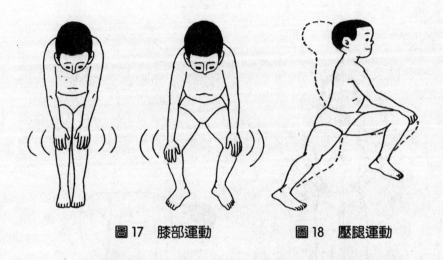

圖17　膝部運動　　　圖18　壓腿運動

6. 膝部運動

兩腳併攏，上體前屈，雙手扶於膝關節處，雙膝微屈同時向左回旋，接著向右回旋，然後兩膝分開，由內向外回旋，再由外向內回旋（圖17）。

7. 壓腿運動

一腳向正前方跨出一大步，成弓步，膝關節彎曲，兩手撐於此膝上，另腿向後伸直，身體向下振動做壓腿動作，然後身體後轉，另腿膝關節彎曲，一腿向後伸直，雙手撐於此膝上，身體向下振動（圖18）。

五、 熟悉水性

熟悉水性是初學游泳的重要教學環節。其目的主要是讓初學者體會與了解水的浮力、壓力、阻力等特性，逐步適應水的環境，消除怕水心理，培養對游泳的興趣並掌握一些游泳的最基本動作，如呼吸、浮體、滑行等，為以後學習各種游泳技術打下基礎。

在熟悉水性練習時，應盡可能在齊腰、胸深的水中進行，要注意安全教育，確保安全。

對於初學者來說，熟悉水的環境，了解水的特性，感受水對五官及身體的刺激是非常必要的，因此，進行熟悉水性的練習，可按下面的步驟和方法進行。

1. 沐浴、下水

（1）沐浴

每位游泳者下水前進行身體的沐浴是講究衛生的要求，對於初學游泳者，尤其是對怕水的兒童來說，全身沐浴也是讓他們體驗水對臉部及五官的刺激，如能讓水直接沐沖臉部，不但可幫助小孩克服怕水心理，也可練

圖19 扶梯下水

習用口吸氣的動作。

（2）下水

練習者應根據泳池的設置情況採取不同的下水的方法。

①階梯下水：如果泳池設有階梯，就可扶梯依次下水。如果是較寬的臺階式的階梯，就讓他們坐在階梯上，一級一級地浸入水中。

②扶梯下水：在現代的游泳池中，一般扶梯都設在四角，階梯常常是建在池壁上，梯子兩側有扶手，扶梯入水的最好辦法是面對階梯，雙手扶把手，慢慢下梯（圖19）。

③池邊下水：即使池中設有階梯，最好也在第一次

圖 20　池邊下水

課中教會學員坐在池邊轉身下水的方法（圖20）。它可以加快入水練習速度和節省時間。同樣可以採取從池邊出水的方法上岸。對膽小的孩子則可以採取個別對待，利用階梯下水和出水。

　　入水後手要扶池內的欄杆或泳池水槽，要注意不要因興奮而鬆開扶手在池內跳躍，這樣比較容易失去平衡以致突然滑倒。

2. 水中行走

　　進入水中後，初學者手扶池邊或欄杆向側滑步或一手扶池邊一手在體側撥水向前走，這是初學者的第一個練習，這個動作來回走兩趟之後，可雙手離開池邊或欄

圖 21　水中行走

杆，向前行走。如有幾個同伴一起學，可成一路縱隊隊形，手扶前者的肩部或抱住腰部向前行走（圖21）。

這種水中行走練習可以做前進、後退、左右兩側移動。此外，也可做跳躍動作或做遊戲。

如列車波浪式前進的遊戲，這樣可以無拘無束地跳得更起勁。當他們跳得越來越高，蹲得越來越深時，應鼓勵較膽大的初學者將頭沉入水中，即使是較短的時間，也不要鬆開搭在肩部的手去抹臉上的水珠。當然，跳躍練習也可以在原地單獨進行。

圖 22　水中閉氣

3. 水中閉氣與呼吸練習

　　在水面上用口深吸氣，在水中用口或鼻均勻慢呼氣，這一練習是使初學者學會游泳呼吸的基本方法，應從第一次課就抓緊呼吸練習，並貫徹始終。

　　（1）水中閉氣練習

　　扶池邊或拉同伴的手，在水面上深吸一口氣，然後閉口憋住氣把臉浸入水中，稍留片刻，當臉離開水面後先用口把氣呼盡，再張口深吸氣。水中閉氣時間由短到長，可採用數數的方法不斷延長在水中閉氣的時間。浸水時，也可以用由易到難的做法，由臉浸水過渡到頭沒入水中（圖 22）。

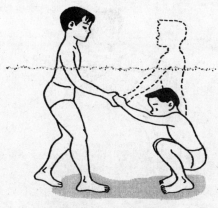

圖 23-① 水中呼氣

（2）水中睜眼練習

當水中閉氣達到一定的時間要求後，可在水下睜開眼睛，看看水下的景物。例如，讓他們看和數同伴伸出的手指，或者看泳池底的瓷磚或瓷磚的顏色，有時也可以用小玩具或小石頭讓他們看顏色或數數、或撿石子。方法可多種多樣，目的是觀察水下的情況·進一步克服怕水心理，提高學習游泳興趣。

（3）呼氣練習

當臉或頭部沒入水中後，要求初學者在水中用口緩慢均勻地呼氣，但不要把氣呼盡，呼氣的後部分，應邊呼氣邊抬頭，當口出水面時用力將氣呼完（圖 23-①）。

圖 23-②　連續呼吸

（4）連續呼吸練習

同上練習，要求加上吸氣，連續做，由 3～5 次逐漸增加到 20～30 次。呼吸練習時要求呼氣時要慢而均勻，吸氣時要快而深，呼與吸之間要有短暫的憋氣。呼氣時要注意，在口剛要出水面時，快速用力把氣吐完，緊接著張口深吸氣，這是吸氣的時機，要反覆練習，以後可以練習轉頭呼吸（圖 23—②）。

4. 水中浮體與站立練習

水中浮體與站立，目的是體會水的浮力，初步學會在水中控制身體維持平衡的能力和由浮體至站立的方法，進一步消除怕水心理，增強學會游泳的信心。練習浮體前應先學習站立方法，以保安全。

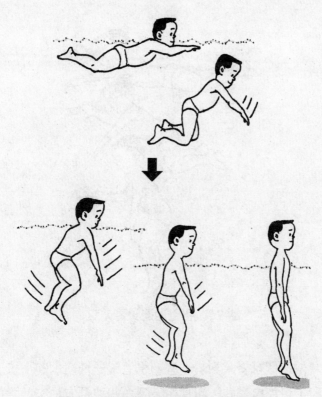

圖 24　從俯臥姿勢還原成站立姿勢

（1）從俯臥姿勢還原成站立姿勢練習

　　當學習抱膝浮體或展體浮體前，初學者應先了解如何還原成直立的站立姿勢的動作要點：由俯臥姿勢還原時，兩臂前伸，手掌和雙臂向下壓水並抬頭，同時兩腿向腹部回收並向下伸，上體直立，兩腳牢牢踩住池底站穩，兩臂於體側在水中壓水保持平衡（圖24）。

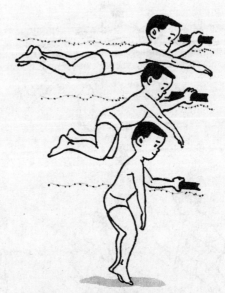

圖25　利用池邊練習站立

　　做這個練習，對於一些初學者或是較怕水的小孩子來說，可能會難些。可採用下列一些練習方法來增強孩子的信心和幫助孩子掌握這個練習。

　　①利用池邊（欄杆），身體俯臥，一手扶池邊（欄杆），一手下壓做恢復直立動作（圖25）。

　　②利用水道線練習：一手扶住水線，一手下壓，做恢復直立練習（圖26）。

　　③用浮板或助浮物練習（圖27）。

　　④雙人互相幫助練習（圖28）。

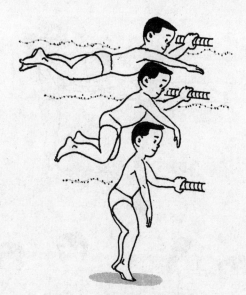

圖 26　利用水線練習站立

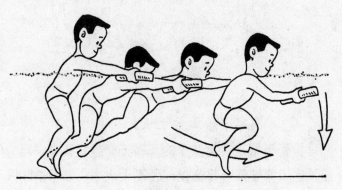

圖 27

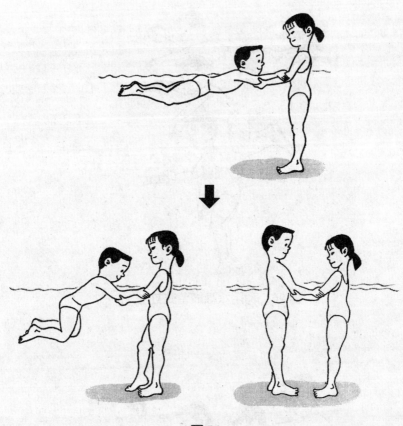

圖 28

（2）抱膝浮體與站立練習

　　抱膝浮體是平衡漂浮的基礎，一個具有良好浮力的
游泳者，當肺部吸足氣後，頭沒入水中，雙手抱膝做浮
體動作沒什麼困難，大多數情況下，人體會向上浮起至

① ② ③ ④

圖 29　抱膝浮體練習

背部露出水面。

　　抱膝浮體的練習方法是：原地站立，深吸氣後腿部彎曲下蹲、低頭、雙手抱膝，膝儘量靠近胸部，形成低頭團身抱膝姿勢。如果開始練習身體下沉直到池底，則用前腳掌輕蹬池底，助身體漂浮於水中（圖 29-①～③）。待閉氣漂浮一段時間後，可恢復站立姿勢（圖29-④）。

　　（3）展體浮體練習

　　展體浮體練習：兩腳開立，兩臂放鬆前伸，深吸氣後身體前傾並低頭；屈膝下蹲、兩腳輕輕蹬離池底，兩

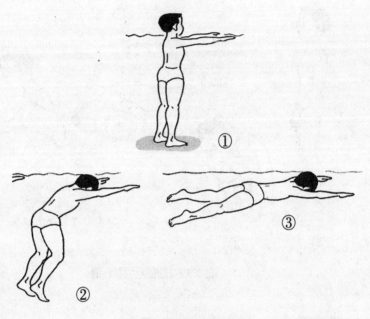

圖 30　展體浮體練習

腿放鬆上浮成俯臥姿勢漂浮於水中，臂、腿自然伸直
（圖 30）。當然，有時為了營造學習氣氛，教師可要
求學生四肢自然伸開成一個「大」字，以提高學習興
趣。

5. 滑行練習

　　滑行練習是為各泳式打基礎的動作，是熟悉水性階
段練習的重點。練習的目的是進一步體會水的浮力，掌

圖 31　蹬池底滑行

握在水中平浮和滑行時的身體姿勢，為以後學習打下基礎。

　　滑行練習分為蹬池底滑行和蹬邊滑行。

　　（1）蹬池底滑行練習

　　兩腳前後開立，兩臂前伸，兩手併攏。深吸氣後體前傾屈膝，當頭和肩浸入水中時，前腳掌用力蹬池底，隨後兩腿併攏，使身體成流線型向前滑行（圖31）。

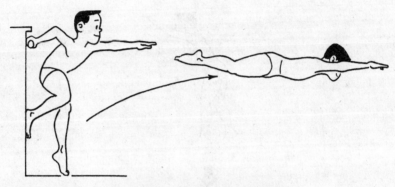

圖 32　手抓池邊蹬邊滑行

（2）蹬邊滑行練習

一手拉水槽（欄杆），一臂前伸，收腹屈腿，兩腳或單腳貼緊池壁，上體前傾平浮於水中。做好以上準備姿勢後，深吸一口氣，低頭提臀，隨即放開拉池槽的手臂並前伸與前邊的臂併攏，頭夾於兩臂之間，兩腳用力蹬壁使身體成流線型向前滑行（圖 32）。

待該練習較為熟練後，可做原地站立收腳提臀蹬離池壁的水中滑行練習（圖 33）。

6. 熟悉水性的遊戲

（1）打水仗比賽

【預備姿勢】：兩人面向站立（間距 1.5～2 公尺）。

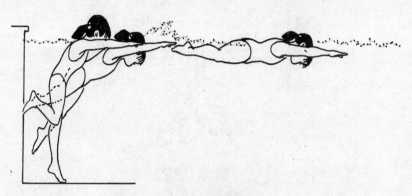

圖33　原地站立蹬邊滑行

圖34　打水仗比賽

　　【方法】：雙方在水上用手互相往對方身上、臉上潑水，誰先退為輸（圖34）。

　　（2）水底撿物

　　【預備姿勢】：在齊胸水中，把硬幣或小石子放在

圖 35　水底撿物

水中。

【方法】：聽到口令後，讓初學者潛到水中，睜開眼睛尋找硬幣或石子，看誰最快撿到（圖 35）。

（3）打「野鴨」

【預備姿勢】：在齊腰深水中，圍成一個圓圈。

【方法】：扮野鴨的遊戲者站成一圓圈，「獵人」在圈內，用吹氣塑料球向「野鴨」擲去，只要球觸及「野鴨」身體任何部位，「野鴨」即與「獵人」交換角色。「野鴨」可以在被擲中之前鑽入水中，以躲避來球（圖 36）。

（4）跳「火圈」

【預備姿勢】：在齊腰深水中，兩人或多人一組。

【方法】：遊戲者一人拿救生圈（當做火圈），另一人雙臂前伸，低頭，雙腳蹬地，躍過「火圈」，要求

圖36 打「野鴨」

圖37 跳「火圈」

身體不接觸「火圈」。可連續做，也可以每做一次交換
位置（圖37）。

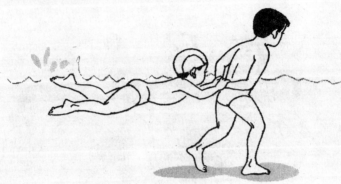

圖 38　雙手拖帶游

（5）雙人拖帶游

【預備姿勢】：甲乙兩人前後站立，甲兩臂後伸，挽著乙雙手。

【方法】：甲沿著水底向前行走，乙在水中俯臥，兩臂伸直，兩腿模擬爬泳的打水動作，快速拖游（圖38）。要求被拖者兩腳不得觸池底。

（6）穿越浮橋

【預備姿勢】：在齊腰深水中，兩人拿一塊打水板，並排做成浮橋（或洞）。

【方法】：遊戲者雙臂前伸，頭浸水中，雙腳蹬地，俯臥水中滑行，從板下鑽過去（圖39）。

圖 39 穿越浮橋

7. 超淺水環境的熟悉水性練習

淺水環境是指水深在 40～50 公分的水池中，大多數情況下是在兒童池內進行的游泳活動。大多數初學游泳的小孩對水的害怕程度是隨著水位的加深而加深的。當水深在膝以下時，他們會毫無顧慮地在水中打打鬧鬧，相互追逐盡情戲水；水深至腰時，則開始有點怕了，其運動時就變得謹慎小心；水深至胸時，他們就顯得比較緊張，不敢輕易邁步向前走動，若水位再加深，他們就會更加緊張害怕。

在淺水中進行熟悉水性動作練習，則完全能避免因水深而帶來的怕水心理障礙，使小孩在無意識狀態下在水中盡情玩耍、做遊戲，在活動中自然地完成熟悉水性中的呼吸、浮體、滑行等動作。

在淺水環境中進行熟悉水性教學可做下列練習：

（1）水中行走、跑步練習（圖40）。

圖 40

（2）水中坐下、站立練習（圖41）（水位體驗）。

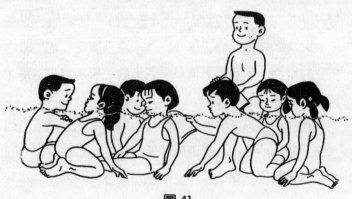

圖 41

（3）坐池底洗嘴、洗臉、洗頭練習（圖42）。

圖42

（4）坐池底，做水中呼氣、水面吸氣練習（圖43）。

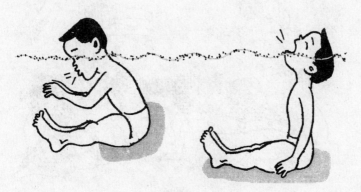

圖43

（5）跪趴在水中吹泡泡練習（圖 44）。

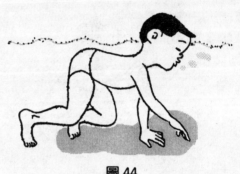

圖 44

（6）水中跪爬練習（圖 45）。

圖 45

（7）原地手撐池底打腿（或蹬腿）練習（圖46）。

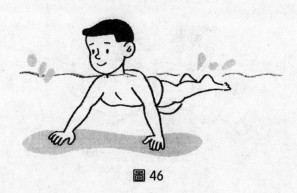

圖 46

（8）手撐池底爬行打腿練習（圖47）。

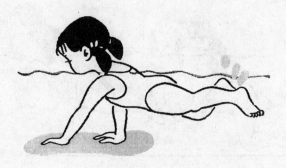

圖 47

（9）手扶（抱）浮板做跳躍練習（圖48）。

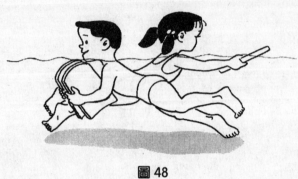

圖 48

（10）手扶（抱）浮板做蹬離和滑行練習（圖49）。

圖 49

（11）蹬底滑行、站立練習（圖50）。

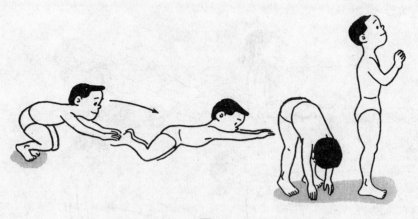

圖 50

（12）搖船遊戲（圖51）。

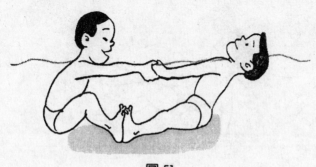

圖 51

（13）由從雙手撐池底成仰臥漂起後恢復坐姿練習（圖52）。

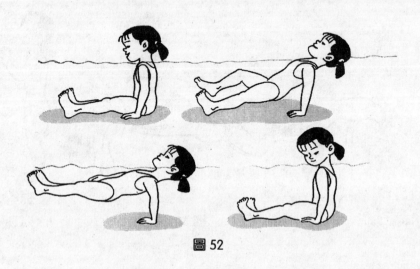

圖 52

（14）原地雙手撐池底仰臥漂浮打腿練習（圖53）。

圖 53

（15）原地（或蹬離池底）手抱浮板漂浮（圖
54）。

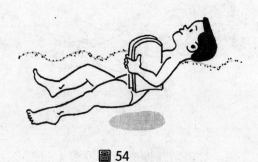

圖 54

（16）手抱（扶）浮板仰臥蹬離池壁滑行練習（圖
55）。

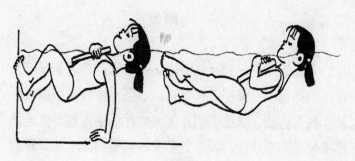

圖 55

（17）手抱（扶）浮板仰臥打腿練習（圖 56）。

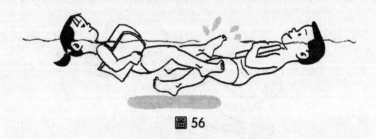

圖 56

（18）仰臥蹬離池壁滑行練習（圖 57）。

圖 57

上述的一些熟悉水性階段的基本動作練習是在淺水環境中進行，有條件的家庭可以在浴池中教會小孩一些基本練習方法，讓孩子們在每天的沐浴中不知不覺地已經掌握了熟悉水性階段中的呼吸、浮體動作，為學好游泳打下良好基礎。

8. 深水環境的熟悉水性練習

對於初學者而言，無論是大人或小孩，水深沒過頭頂即為深水。在深水環境學游泳，一定要在家長或教師的帶領下才能進行。在深水環境中，初學者往往會怕水，作為教師或家長，首先要做好的是確保安全，嚴密地組織教學活動，盡快地消除小孩的怕水心理，在有序的情況下完成教學任務。

在深水環境中進行熟悉水性練習是較為困難的，為了確保安全，最好是採用各種各樣的助浮器具幫助浮起，以減輕初學者的懼怕心理，同時便於在深水環境的游泳教學。此外，應準備一些教學救生器材，如竹竿、救生圈、浮板等。在深水環境的熟悉水性教學有下列練習：

（1）手扶池邊水槽（欄杆）的身體移動練習。

（2）原位手扶池邊水槽（欄杆）頭臉沒入水中閉氣練習（圖58）。

（3）同上練習。要求在水中做閉氣、呼氣，在水面上吸氣。

圖 58

（4）原位手扶池邊水槽（欄杆），身體伸直俯臥水中練習（抬頭）（圖59）。

方法①

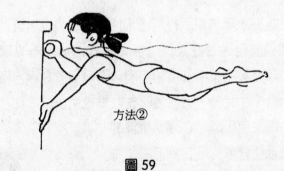

方法②

圖59

（5）同上練習，頭、臉沒入水中（圖60）。

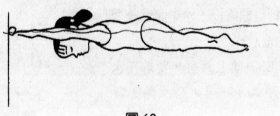

圖60

（6）原位手扶池邊水槽（欄杆）身體伸直，雙手
做一收一伸的呼吸動作練習（圖61）。

收手抬頭吸氣

伸直手低頭呼氣

圖61

（7）手扶浮板（或竹竿）練習池邊跳水（圖62）。

圖62

（8）徒手練習池邊跳水（圖63）。

圖 63

（9）出發練習臺上跳水。

（10）面對水線，手扶浮板蹬邊滑行至水線。用竹竿拖回。

注意：該練習在開始階段以2～3人同時做為好。

（11）同上練習。初學者蹬離水線返回池邊。

（12）同練習10。徒手蹬離池壁至水線後，蹬池底返回池邊。

9. 踩水練習

當初學者基本掌握了熟悉水性階段中的呼吸、浮體和滑行動作後，可以轉入到爬泳或其他泳式的教學。

但是，如果在較深水位的游泳池教學，初學者仍會產生怕水心理，為了克服和消除這種怕水心理，保障教學安全，有必要到深水池教學前先教會踩水。因此，踩水也就是深水教學的熟悉水性練習的主要內容，須學會踩水後，再學其他泳式。

踩水技術類似蛙泳，身體幾乎直立，利用手的划動和腿的蹬夾動作，利用水的反作用力和升力使身體浮起，保持原位不下沉。因此，也有人把踩水稱為「原地蛙泳」或「立泳」。

（1）踩水技術

①腿的動作：踩水時腿的技術動作有兩種，一種是兩腿交替蹬夾水（有點像騎自行車）。這種方法，身體在水中起伏不大，大腿動作幅度較小，做動作時先屈膝，小腿和腳向外翻，然後膝向內扣壓，用腳掌和小腿內側向側下方蹬夾水，當腿尚未蹬直時往後上方收小腿，收腿的同時另一腿開始做蹬夾水動作，兩腿連續交替進行。另一種方法是兩腿同時蹬夾水，與蛙泳腿動作相似，其腿的技術要求用小腿和腳內側向側下方蹬夾

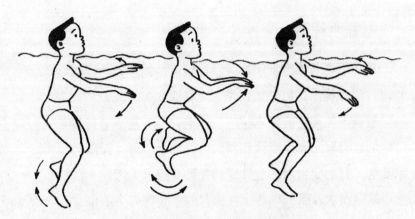

圖 64　踩水技術

水，當兩腿還未完全蹬直時即收腿，動作要連貫、輕鬆
（圖 64）。

　　②臂的動作：踩水時兩臂彎曲，手和前臂在胸前做
向外、向內的搖櫓式的撥水動作，手臂動作不宜過大。
向外撥水時掌心稍向外，向內撥水時掌心稍向內，手掌
要有壓水感覺，兩手撥水路線呈弧形。

　　③腿、臂的配合技術：腿和臂的動作配合要連貫，
一般是兩腿各蹬一次，或是兩腿同時蹬夾一次，兩手做
一次划水動作。踩水時，呼吸要自然，隨腿、臂動作的
節奏自然地呼吸。

　　（2）踩水的練習方法

　　①腿的練習方法

圖65　踩水方法一

圖66　踩水方法二

A、像騎自行車的踏踩動作（圖65）

a. 手垂直撐池邊，雙腳交替做踏踩動作；

b. 身體直立，手扶水槽雙腳交替做踏踩動作；

c. 身體直立，手扶浮板雙腳交替做踏踩動作；

d. 身體稍前傾，雙手划水，雙腳交替做踏踩動作。

B、蛙泳蹬夾水動作（圖66）

a. 手扶水槽，雙腳同時做蹬夾水；

b. 手扶浮板，雙腳同時做蹬夾水；

c. 身體稍前傾，雙手划水，雙腳同時做蹬夾水。

②臂的練習方法

踩水時，雙手臂划水動作好像划槳，游泳者的雙手

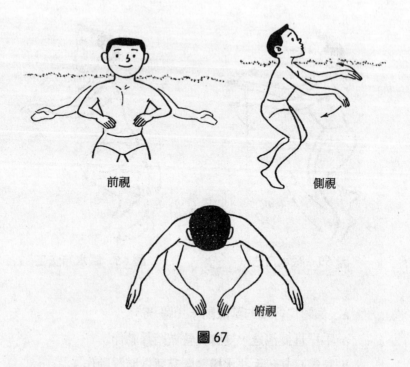

前視　　　　　　側視

俯視

圖 67

置於水下約 10 公分深處，其動作方向向外、向內使身體浮起（圖 67）。

③腿、臂配合技術練習方法

按圖 64 的技術要求，反覆練習，不斷延長停留在水中時間。做動作時，要求肌肉放鬆按一定的節拍來做，體會手和腳的水感，動作要慢而有節奏。踩水時，口保持露出水面即可，用口吸氣，用口或鼻呼氣。

六、
爬泳技術練習

學習爬泳腿部動作
學習爬泳手臂動作
學習爬泳手臂與呼吸配合動作
學習爬泳的完整配合動作

六、 爬泳技術練習

1.學習爬泳腿部動作

（1）爬泳腿部動作要領

兩腿自然伸直，腳尖內扣，大腿發力帶動小腿和腳做上下交替鞭狀打水，兩腳打水幅度約 30～40 公分。下打時，腳背繃直向後下方打水，上抬時，腳背自然伸直。

自由泳腿部動作口訣：

　　大腿發力髖為軸，兩腿交替鞭打水，

　　腳尖向內踝放鬆，打水要淺頻率快。

（2）自由泳腿部動作練習方法

練習 1：坐在地上或池邊，兩手後撐，直腿做上下交替打腿動作（圖 68）。

練習 2：練習者俯臥於水中，兩手扶在池邊上做自由泳打腿練習，初學打腿時，要求兩腿伸直打水（圖 69）。

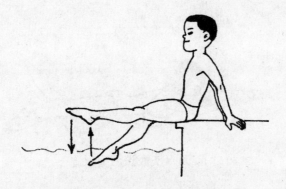

圖 68　坐於池邊練習直腿打水

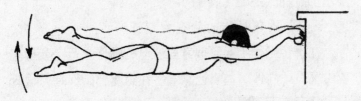

圖 69　扶邊練習爬泳腿

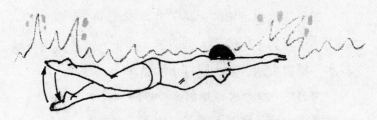

圖 70　伸直手臂練習爬泳腿

　　練習 3：蹬邊滑行後閉氣做爬泳打腿練習，初學打腿時，要求兩腿伸直打水（圖 70）。

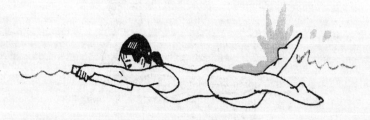

圖 71　扶板練習爬泳腿

　　練習 4：扶打水板做爬泳打腿練習，練習過程中逐漸增加打腿的距離（圖 71）。

　　（3）腿部動作的檢查與糾正

　　在學習過程中，應經常對自己的動作進行自我檢查或由家長（同伴）為自己檢查。在對腿部動作進行檢查時，請回答下列問題：

　　問題 1：腿打水時是否只用小腿打水？

　　如果答案是肯定的，是因為在腿打水時大腿不動，只用小腿發力、屈膝過大造成的。糾正方法是採用直腿打水，體會大腿帶動小腿打水的動作。

　　問題 2：腿打水時腿部是否逐漸下沉？

　　腿打水時，腿部逐漸下沉的原因有二：一是向上打腿的幅度太小、動作僵硬；二是向上打腿時用力太大。因此，在練習過程中，要強調大腿的上擺動作，同時要明確向下打腿時用力，而向上打腿幾乎是不用力的，同

時要求頭的位置要平。

問題 3：腿打水時是否原地不動？

腿打水時，如果身體不前進，主要是因為向下打水時腳未繃直或勾腳打水。糾正方法是練習時要求繃直腳尖向下打水。

2. 學習爬泳手臂動作

（1）自由泳手臂動作要領

兩臂交替在同側肩前前伸入水，入水後手向後下方屈臂、高肘抱水並在身體下方向後做「S」型加速划水，划至大腿旁出水，經空中放鬆前移再入水。當一臂入水時，另一臂正在水下划水。

爬泳手臂動作口訣：

　　　　兩臂輪流來划水，肩前拇指先入水，

　　　　前伸下划抱住水，屈臂高肘體下划，

　　　　大腿旁邊提出水，放鬆前移再入水。

（2）爬泳手臂動作練習方法

練習 1：陸上兩腳左右開立，彎腰，做直臂划水模仿練習，重點體會推水結束後的空中移臂動作和手臂入水動作，先單臂練習，再兩臂交替練習（圖72）。

練習 2：在練習 1 的基礎上做屈臂划水動作，著重

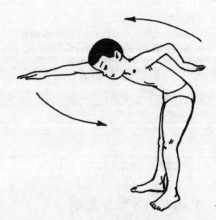

圖72　陸上練習直臂划水

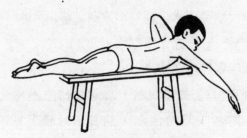

圖73　陸上練習屈臂划水

體會划水路線。也可在板凳上模仿練習（圖73）。

　　練習3：站立在齊腰深的水中，彎腰，做練習2的動作，要求除划水階段用力外，其他動作放鬆，移臂時肘高於手（圖74）。

　　練習4：蹬邊滑行後打腿，然後單臂做幾次手臂動

圖74　水中練習臂划水

作，要求閉氣進行練習，另一臂始終在頭前伸直，身體隨手臂划水動作而向同側轉動。兩臂交換練習。

　　練習5：蹬邊滑行後打腿，閉氣連續做兩臂的分解配合動作練習，即一臂完成一次完整的手臂動作後（包括划水、移臂和入水），另一臂再做，如此反覆。

　　練習6：蹬邊滑行後打腿，閉氣做兩臂的完整配合動作（採用前交叉或中交叉均可）。

　　（3）爬泳手臂動作的檢查和糾正

　　在對爬泳手臂動作進行檢查時，請回答下列問題：

　　問題1：入水後是否立即直臂向下划水？

　　初學爬泳時，往往害怕身體下沉，因而手臂一入水就立即直臂向下壓水，以獲得向上的支撐力，這樣做不

但會減少推進力，而且更容易使下肢下沉。

正確的做法是手臂入水後向前下伸直，接著勾手腕、屈臂抱水，然後儘可能地用力向後划水，以便獲得較大的推進力，只要身體有足夠的向前速度，由於升力的原因，身體就自然會保持在水面游進。

問題2：划水時手和前臂是否撲水？

如果答案是肯定的，划水效果就較差。產生這一動作的原因是沉肘划水，即划水時肘關節相對於手來說向後移動得太快。

糾正這一錯誤動作時，應該強調高肘划水，也就是說在划水過程中，應使手和前臂處於與水平面垂直的狀態。並儘可能保持這一狀態。

問題3：划水路線是否太短？

划水路線短，產生的推進力就小。划水路線短的原因是推水動作不夠充分，手從腰側提出水面。糾正方法是要求練習者每次划水時，大拇指必須觸及大腿後才能出水。

問題4：入水時手是否是最後入水？

手最後入水，不但會增加阻力，而且往往會造成沉肘划水的錯誤動作。糾正方法是要求練習者移臂時高肘移臂，強調手指先入水。

3. 學習爬泳手臂與呼吸配合動作

（1）爬泳手臂與呼吸配合動作的要領

爬泳的呼吸是向側轉頭的，以右側呼吸為例，當右臂入水後開始慢呼氣，右臂划至胸腹下方時，向右轉頭，在推水即將結束時口轉出水面，並張口吸氣，移臂至肩時，轉頭還原並閉氣。

爬泳手臂與呼吸配合動作口訣：

（同側臂）

入水前伸慢吐氣，

邊划邊轉推水吸。

（2）爬泳手臂與呼吸配合動作練習方法

練習 1：陸上兩腳左右開立，上體前傾，兩手扶膝，做向側轉頭吸氣練習（圖75）。

圖 75　陸上呼吸練習

圖76　陸上呼吸與划臂配合練習

練習2：陸上兩腳左右開立，上體前傾，做手臂與呼吸的配合練習（圖76）。

練習3：站立在齊腰深的水中，上體前傾，做練習2的動作。強調轉頭吸氣，不能抬頭。

練習4：蹬邊滑行打腿，然後做單臂划手與呼吸配合的練習。

練習5：蹬邊滑行打腿，然後做手臂與呼吸的完整配合練習。

（3）手臂與呼吸配合動作的檢查與糾正

在對手臂與呼吸配合動作進行檢查時，請回答下列問題：

圖77　在波谷中吸氣

問題1：是否抬頭呼吸？

抬頭吸氣會增加阻力並使下肢下沉。抬頭吸氣錯誤動作產生的原因是怕嗆水，不敢轉頭吸氣。在糾正這一錯誤動作時，首先要明確動作概念，其次是多做本部分的練習3。

問題2：轉頭吸氣時嘴是否能露出水面？

嘴不能露出水面就無法吸氣，解決這一問題的方法是加大身體轉動及轉頭的幅度，此外，要加強划水動作，產生較大的推進力，提高游速，以便游進時，在頭的兩側成較深的波谷，並在波谷中吸氣（圖77）。

問題3：吸氣時，對側手臂是否處於肩部下方？

答案如果說是肯定的，說明手臂與呼吸的配合存在錯誤。這一錯誤動作產生的原因是，練習者想透過手臂的下划使頭部位置升高，從而便於吸氣。糾正的方法是要求對側手臂入水後向前伸，吸氣時對側耳朵緊貼對側

上臂。

4. 學習爬泳完整配合動作

（1）爬泳完整配合動作要領

身體平直地俯臥水面，兩臂交替向後划水時兩腿不停頓地上下交替打水，向側轉頭吸氣。有6次、4次、2次及不規則打腿配合之分。6次打腿配合技術是兩腿各打3次，兩臂各划1次，呼吸1次，即6：2：1的配合。

爬泳完整配合動作口訣：

身體俯臥平又直，臂划2次腿6次，

向側轉頭吸1次，動作配合要自然。

（2）爬泳完整配合動作練習方法

練習1：陸上兩腿併攏站立，上體前傾，一邊原地踏步（表示打腿），一邊做手臂與呼吸的配合練習。

練習2：蹬邊滑行後，做臂、腿配合練習，划臂時，腿動作不停頓。

練習3：同練習2，但加上呼吸動作，做10～15公尺的反覆練習（圖78）。

練習4：在練習2的基礎上逐漸增長游距，在練習中改進動作。

圖78　完整配合游

（3）爬泳完整配合動作的檢查與糾正

在對爬泳完整配合動作進行檢查時，請回答下列問題：

問題 1：游爬泳時，身體是否不可較平地俯臥於水中？

游爬泳時，身體縱軸與水平面形成的角度過大，會增加身體前進時遇到的阻力。產生這一現象的原因是頭的位置過高，頭的位置太高，會使下肢下沉。消除這一現象的辦法是降低頭的位置，使水面齊髮際。

問題 2：游進時，身體是否成左右搖擺？

游進時身體左右搖擺會破壞身體的流線型姿勢，從而增加阻力。產生這一現象的原因，一是手臂平直移臂或入水點過中線；二是腰部過於放鬆。消除這一現象的辦法是採用高肘移臂，強調入水點在同側肩前，同時要求腰部肌肉適當緊張。

問題 3：手臂出水是否困難？

如果答案是肯定的，說明身體沿縱軸向兩側轉動的幅度太小或沒有轉動，為此，練習時應加大轉動的幅度。

問題 4：游爬泳時，配合動作是否協調，流暢？

動作過分緊張、下肢下沉、呼吸困難或無節奏都會造成配合動作的不協調，如果配合動作不協調，在練習時一方面要放鬆慢游，另一方面要多做打腿和呼吸練習。

七、
爬泳出發和轉身

學習爬泳出發動作
學習爬泳轉身動作

七、 爬泳出發和轉身

1. 學習爬泳出發動作

（1）出發動作要領（抓臺式）

爬泳出發是在出發臺上進行的，其動作過程如圖
79 所示。其動作要領為，兩腳與髖部同寬，平行站
立，腳趾勾住出發臺前沿，低頭、屈體、微屈膝，兩臂
下垂，兩手從前面或從兩側抓住出發臺，重心落在兩腳
掌上。

槍響後，兩臂即向上提拉使身體前倒，接著屈膝抬
頭，擺臂展體，用力蹬離出發臺。身體在空中充分伸
展，接著低頭，兩臂伸直，兩腿夾緊伸直，兩臂夾緊頭
部成流線型姿勢入水。

入水後稍滑行即做打腿動作，當身體上升至水面時
開始做手臂動作。

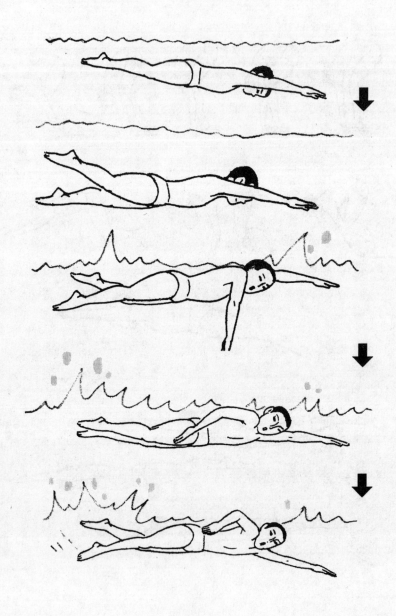

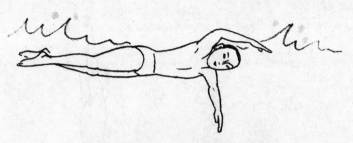

圖 79　爬泳出發技術連續動作圖

（2）爬泳出發動作練習方法

練習 1：陸上兩腿左右開立，與肩同寬，聽到「各就位」口令時，模仿出發預備姿勢，聽到「跳」的口令時，手臂帶動身體向上跳起，在空中含胸收腹，身體適度緊張（圖 80）。

練習 2：池邊下蹲，兩臂前舉，夾緊頭部，上體前傾，屈膝，然後身體前倒蹬出、入水（圖 81）。基本掌握後，改為半蹲進行練習（圖 82）。

練習 3：站在出發臺上做完整出發動作練習。

警告：不可在沒有教師指導的情況下，在水深低於1.5 公尺的游泳池中練習出發跳水動作。

（3）爬泳出發動作的檢查與糾正

在檢查爬泳出發動作時，請回答下列問題：

問題 1：**入水時，胸腹是否被水拍得很痛？**

入水時如果抬頭挺胸、挺腹，或起跳角太大，胸腹

圖 80　陸上練習出發

圖 81　池邊全蹲練習出發

圖 82　池邊半蹲練習出發

部就會被水拍打得發紅、疼痛。因此，起跳時要先倒後蹬，入水時要低頭，使頭夾在兩臂之間，並含胸收腹，身體適度緊張。

問題 2：入水時身體是否成流線型姿勢？

入水時身體成流線型姿勢，可減少入水時身體遇到的阻力，從而增加衝力，使身體在水中滑行較長的距離，如果入水時臂、腿沒有伸直併攏或是抬頭，就會增大身體遇到的阻力，從而影響滑行速度和距離。

問題 3：入水是否太深？

入水時，入水角太大，或是入水後沒有及時向上伸腕、抬頭、挺胸，就會造成入水太深。糾正這一錯誤動作的方法是強調先倒後蹬，以及先在陸上做向上揚手腕、抬頭、挺胸的動作，初步建立動作概念後再做出發

跳水練習。

2. 學習爬泳轉身動作（前滾翻轉身）

（1）爬泳轉身動作要領

當游近池壁時，做最後一次划水動作，使兩臂處於體側位置，借助向後划水的速度和反作用力低頭，兩手掌向下並壓水，兩腿併攏屈膝做一次海豚泳打腿動作，幫助臀部向上提起，開始團身滾翻動作，當翻至頭處於臀部下方時開始屈膝，然後使兩腳從水面上甩向池壁，當兩腳觸及池壁時，兩手在頭前併攏前伸，然後兩腳用力蹬離池壁，蹬出後在滑行過程中，身體繞縱軸轉動成俯臥姿勢，爬泳前滾翻轉身的動作過程如圖83所示。

（2）爬泳前滾翻轉身動作練習方法

練習1：在陸上墊上做前滾翻的練習，體會低頭、前滾、團身動作（圖84）。

練習2：在水中，在同伴的幫助下進行滾翻動作練習（圖85）。

練習3：以水線為軸做前滾翻動作練習（圖86）。

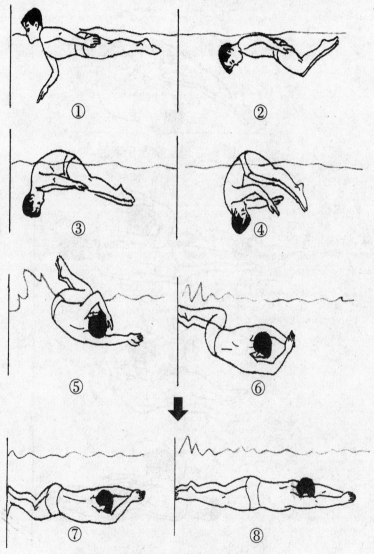

圖83　爬泳轉身技術連續動作圖

圖84　墊上練習前滾翻

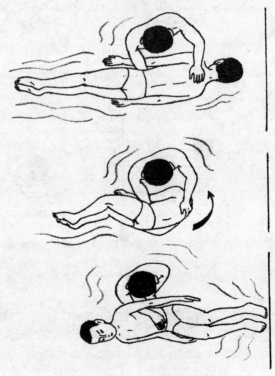

圖85　兩人配合練習前滾翻

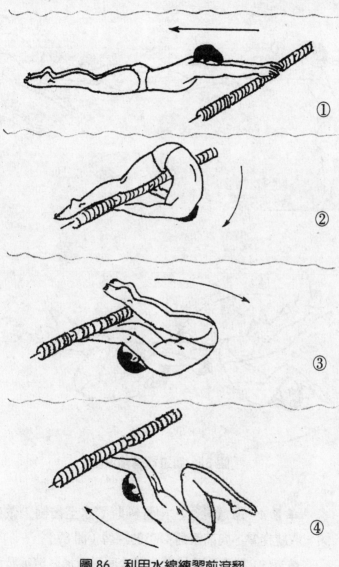

圖 86　利用水線練習前滾翻

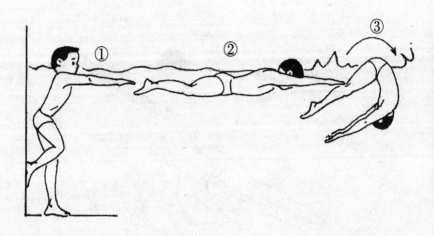

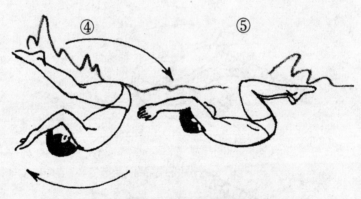

圖 87　蹬邊練習前滾翻

　　練習 4：蹬邊滑行，兩臂同時划水至體側，做低頭、收腿提臀、向前滾翻 180° 的練習（圖 87）。

　　練習 5：接近池壁站立，蹬池底滑行後做滾翻及蹬

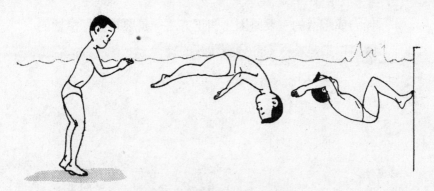

圖88　蹬池底練習前滾翻

壁練習（圖88）。

　　練習6：游近池壁做完整前滾翻轉身練習（圖83）。

　　（3）爬泳前滾翻轉身動作的檢查與糾正

　　請參照下列問題對爬泳前滾翻動作進行檢查與糾正。

　　問題1：滾翻時身體是否能翻滾過來？

　　翻滾不過來的原因是低頭、提臀、團身不夠，糾正方法是在練習時，要求低頭、提臀、團身動作要快，頭、胸盡量靠近大腿；或是多做本部分練習1和練習2的練習。

　　問題2：蹬離池壁是否有力以及是否有蹬滑現象？

　　轉身過早（離池壁太遠），滾翻的方向不正是蹬壁

無力或蹬滑的主要原因。糾正方法一是要掌握好滾翻的時機；二是多做本部分練習 5 的練習。

八、
怎樣才能游得遠

自然的呼吸
協調有節奏的動作
逐步增長距離
提高耐力的練習

八、 怎樣才能游得遠

　　學會爬泳後，每個初學者都想越游越遠，這種來自征服水環境的心理慾望和對自己技術的自我肯定的迫切心情，成了進一步改進技術、提高技能的內動力。從身體鍛鍊的角度考慮，游泳練習者只有達到一定的游距、持續一定的時間才能起到鍛鍊身體的作用。因此，長游便成了學會游泳後的第一個目標。

　　游得遠是一個循序漸進的過程，是通過不斷改進、提高技術和技能，增強體能逐步實現的。

　　爬泳身體俯臥於水中，流線型好，阻力小。兩臂、兩腿交替划水打腿，動作連貫，前進速度均勻，使人游進更省力更快速。爬泳是比賽項目最多（44%）、項目距離跨度最大（50～1500公尺）的泳式。爬泳同蛙泳一樣，是一種適合長游的泳姿，雖然從理論上講同樣適合不同年齡，但在實際調查中，採用爬泳游長距離的游泳愛好者稍少於蛙泳姿勢。

　　這種現象可能與這種姿勢體力消耗較蛙泳大、和呼吸技術較難有關。為了幫助初學者掌握爬泳技術之後儘

快游得更遠，以下結合技術要求，介紹一些練習內容與方法。

1. 自然的呼吸

爬泳呼吸是四種游泳姿勢中最難掌握的呼吸技術，對呼吸動作要求高，初學者往往因呼吸動作不過關而影響整個技術。常犯的錯誤主要有，抬頭吸氣、吸氣過程頭部亂轉和呼吸不充分等，這些動作易造成身體姿勢的不穩定，左右擺動或上下波動，由於呼吸不充分，氣體交換受到限制，使游進過程特別費力，從而不能游得更遠。因此，把好呼吸關是爬泳技術的關鍵，做到在游進中自然的呼吸。

首先，要掌握正確的呼吸動作，吸氣時頭部繞縱軸向側後轉動，使嘴在同側肩附近張嘴吸氣，眼看側後方。吸氣結束，頭回轉眼看池底，切忌吸氣後眼朝前看。

其二，掌握正確的呼吸節奏，快吸氣→暫閉氣→慢呼氣到快呼氣。

其三，正確的配合技術，呼吸動作與手臂動作配合要貫徹服從手臂的原則，絕不能呼吸動作影響手臂動作。吸氣時要強調轉頭動作與手臂動作一致，過快過慢都影響兩者的協調一致。但吸氣要快，以免影響手臂動

作節奏。

其四，呼吸要充分，呼吸充分關鍵是呼氣充分，才能促使吸氣充分。

加強呼吸動作和呼吸配合動作的練習是每個初學爬泳者的重要練習內容，反覆多練才能掌握其呼吸的技巧，提高呼吸效率。

2. 協調有節奏的動作

爬泳游進動作的協調性和節奏性體現了動作連貫、緊湊，是保持游進速度均勻性的基本前提，也是游得遠的前提。爬泳動作節奏主要包括兩臂動作、兩腿 動作和整個配合動作。

臂部動作要注意形成單臂動作節奏和兩臂動作配合節奏。單臂動作速度變化過程是抱水動作較慢，划水動作要求加速並達到最大速度，移臂動作保持中速。兩臂配合有「前交叉」「中交叉」「後交叉」「中前交叉」「中後交叉」五種形式，初學者一般採用「前交叉」「中交叉」「中前交叉」。

腿部動作是由上下打水動作構成，向下打水應快而有力，向上打水則動作較慢且放鬆。這樣的上下打水，才會顯得動作緊湊連貫。

臂腿配合雖然有多種形式，但初學者往往是一種自

然形成的不規則臂腿配合形式，這種順其自然的配合方式，反而有利於初學者掌握。透過反覆練習、改進，使動作逐步協調，快慢有序，這樣的動作就可堅持較長時間，從而能游得更遠。

3. 逐步增長游距

逐漸增加游距是長游的主要方法和手段。游距不斷延長對呼吸技術和配合技術，以及體力都提出了更高的要求，同時也為鞏固和提高爬泳技術和技能創造了條件。增長游距最好先從局部動作開始，如長距離扶板打腿、長距離夾板划臂等，這些練習對提高游泳練習者的基本長游能力很有幫助，也為爬泳長游奠定了基礎。增長爬泳游距可採用兩種有效的方法：

一是逐漸增距法。先要擬定計劃，按計劃每天或每周甚至每月增長爬泳的游距。

二是泳式變換交替法。對同時也會游蛙泳者，當新的長距離開始全部用爬泳很難完成時，可採用蛙泳與爬泳交替游完成，既保證了距離任務的完成，也調節了單一姿勢的疲勞。

4. 提高耐力的練習

長游能力與其耐力水準直接相關，要想游得遠，就

需要不斷提高自己的耐力。提高耐力水準的練習方法較多，這裡主要介紹持續長游、變速游、間歇游三種。

持續長游，是在游進速度不變的前提下，按一定的練習要求進行的一種練習。在練習控制上主要採用相對固定的指標控制負荷，如定時游、定距游，還有固定心率游和固定速度游（將心率和游速控制在一定的範圍）等，對發展一般耐力水準有良好的效果。

變速游，顧名思義就是在游進過程中，按計劃要求改變游速的一種練習方法。變速游負荷強度比持續游高，其變化的主要因素是練習速度和變速距離。也是一種快慢結合的練習方法，在速度變化上要求快與慢要明顯，變速距離一般控制在 25～100 公尺範圍，變速距離短一些其效果比長些好。

間歇游，間歇游的練習要素包括距離、強度、重複次數、間歇時間、休息方式。間歇游距離在 50～200 公尺；強度與距離、重複次數等關係密切，一般控制在 70%～80%；重複次數以 3～8 組為宜，還受距離與強度的影響，間歇時間為 1：2 或 1：1，即休息時間是運動時間的 1 倍或相等；休息方式應採用活動性休息，活動性休息易消除疲勞。

九、
怎樣才能游得快

減小阻力與增大推進力

適宜地加快頻率和增大划步

良好的出發和轉身

技術練習

提高速度的練習

提高速度耐力的練習

系　　　　練

九、怎樣才能游得快

　　提高爬泳游進的速度是每個初步掌握了爬泳技術的游泳愛好者的慾望。提高爬泳速度依賴於游泳者的技術、技能和體能的提高，速度能力是綜合素質的集中表現。發展速度必須遵循循序漸進的原則，有計劃、有步驟進行，不可盲目急於求成。

　　游得快取決於運動速度，運動速度包括身體位移速度和動作環節速度以及反應速度。必須在正確規範的技術保證下，全面發展多種速度能力，逐步提高爬泳的運動速度。

1. 減小阻力與增大推進力

　　減小阻力是增大推進力的另一種形式，它不以消耗能量為代價，因此，是最經濟的、最有效的增大推進力的途徑。爬泳游進時的身體姿勢，在技術動作不正確的情況下最易導致身體左右擺動，這也是爬泳身體軀幹阻力增大的主要原因。

　　保持軀幹適度緊張，強調頭部動作的穩定，提高移

臂動作的準確性，臂腿動作控制在身體縱軸周圍運動，使身體圓滑自然地繞身體縱軸轉動，從一側轉向另一側，能有效保持良好的身體姿勢，減小運動阻力。

提高「技術效率」是增大推進力的又一條途徑，技術實效性高，無疑提高了每次划水的效果，減少了划水次數，使運動效率更高。

游泳是體能性運動項目，增大推進力不能沒有體能作為物質基礎參與，提高專項力量素質是增大推進力的重要途徑，力量是速度的基礎，推進力的大小受力量、技術和阻力三因素變化的影響。力量大、技術好、阻力小是增大游泳推進力的理想模式。

2. 適宜地加快頻率和增大划步

划頻和划步是決定爬泳游進速度的因素，目前，世界優秀爬泳運動員最高速度時的動作頻率為 4～5 秒／10 個划水動作。划步反映了划水動作的效果，每次划水身體位移的距離長，則划水效果好。

頻率與效果相互聯繫緊密，處理好划步與划頻的關係，是游泳訓練的重要課題。

當前世界游泳技術發展趨勢顯示，保持適宜的划水動作頻率，增大划水效果成為技術發展的主要方向。根據自己的情況確定適宜的划頻，逐步增大划步提高爬泳

游進的速度。

爬泳游進時保持適宜的動作頻率，是提高划水效果的基本保證。划水動作速度過慢會失去划水的速度，依據阻力與速度的平方成正比關係，獲得的推進力必然小；而划水速度過快會造成「划空」，手臂入水後，只有形成良好的對水截面（亦稱抱水），划水才會有效。發力過早則不能使划水動作產生向前的推進效果，影響動作的實效性。

另一方面，划水開始動作速度太快，會使後繼動作失去了再加速的空間，適宜的划水頻率應以不影響划水效果為前提。增大划步實際上是提高划水效果，增大划步除了我們在增大推進力部分談到的要求外，還要強調動作幅度要大，爬泳入水點要遠一點，推水動作要到位、充分，儘可能地延長有效划水路線。

3. 良好的出發和轉身

出發對 50 公尺自由式來說，其重要程度是顯而易見的，但對 1500 公尺這樣長距離游泳而言，其重要性遠不如轉身動作。儘管如此，出色的出發和轉身技術對不同距離仍然是有百利而無一害。

自由式比賽，是在臺上出發，臺上出發要求聽到出發信號反應快和出發起跳動作快，使出發效應好，即騰

空遠、入水合理、滑行快。

　　自由式出發的入水較其他三種姿勢淺一些，這有利於自由式出發後儘快轉向途中游，自由式出發後應使身體保持良好的流線型，當滑行速度接近游進速度時，及時做爬泳打腿動作或海豚式打腿動作，使身體上升到水面開始划臂動作進入快速的途中游。

　　出發後滑行與途中游的緊密銜接取決於運動員滑行的速度感、深度感和動作連接的技巧性。

　　爬泳有兩種轉身技術，一種是擺動式轉身，轉身動作除要求單手觸壁外，動作結構和動作過程同蛙泳擺動式轉身。這裡主要介紹前滾翻轉身快的一些技術要點，幫助初學者提高爬泳前滾翻轉身技術。

　　要做到爬泳前滾翻轉身快，首先，要求快速游近池壁，有的人稱之為衝向池壁，切忌減速，同時要準確判斷開始轉身的位置，轉身位置的判斷應靠眼睛看水下池底「T」線，而不是眼朝壁方向看。

　　其次，是準確把握最適宜的轉身時機，關鍵在於對距池壁距離的判斷，這一點對初學者尤為重要，初學者往往由於不能準確掌握轉身的時機，從而使轉身動作效果降低甚至失敗，前滾翻轉身距離受練習者身高和游近池壁速度影響，選擇適合自己的轉身距離，應立足於平時反覆練習，在練習中熟練轉身動作，確定最適合自己

的轉身距離。

其三，前滾翻轉身關鍵技術在於上體回轉屈體快且淺，擺腿觸壁快，前者應強調快速回頭折體緊，眼看身體上方的雙腿，緊接著快速向池壁擺腿，擺腿過程是先直腿擺再屈小腿擺，使雙腳前掌觸池壁。在擺腿過程中頭和上體應保持不動，這有利於腿擺動加速，有利於身體處於適宜的水下深度。

在平時練習中可採用手拉水線，使身體圍繞水線翻轉，練習身體前滾翻動作，熟練和提高前滾翻轉身技術。轉身後的蹬邊滑行與出發後滑行技術相同。

4. 技術練習

提高爬泳速度有賴於爬泳技術的不斷改進和提高。提高技術水準要重視基本功練習，應有計劃、有步驟地在平時練習中安排各種各樣的技術練習，由技術練習規範技術動作，提高動作的控制能力，是技術水準提高的重要途徑。

爬泳技術練習通常採用手腿動作練習和配合動作練習，下面介紹一些常用的練習方法與手段。

爬泳手腿動作練習：扶板打腿、憋氣打腿、兩手置於體側打腿、蛙泳划臂打腿、夾板划臂、單臂扶板划臂配合等練習。在陸上還可以做臂腿動作的模仿練習，提

高局部技術的準確性和規範性。

　　爬泳配合技術練習主要有：單臂配合游、不同單臂動作次數交替配合游、正常節奏配合游等，強化練習者控制動作的能力和掌握正確的配合動作節奏，提高爬泳配合游的動作技巧。

5. 提高速度的練習

　　提高速度的練習主要是短距離快速游，以提高身體位移速度。如 12.5～50 公尺（出發或蹬邊）自由式計時游、控制呼吸次數衝刺游、快速打腿和划臂等。快速動作練習，這對提高動作的絕對速度效果明顯，有助於提高游進速度。

　　這類練習通常在原地進行（水中或陸上），採用動作計時、計數等手段提高動作速度，也可結合陸上拉力練習或水上划水動作進行。

6. 提高速度耐力的練習

　　速度耐力是一種速度能力的體現，人在氧供應不足的情況下的持續運動，其運動能力取決於機體無氧代謝能力，凡是發展機體無氧代謝能力的練習，都有助於提高速度耐力水準。

　　提高自由式游進的速度耐力，通常有間歇練習法、

重複練習法、變速練習法等。

練習距離 50～400 公尺之間，總距離因人而異，一次課約控制在 800～1000 公尺之內。速度耐力練習強度高，練習時心率達到或接近本人最大心率的極限值；游進速度要求以接近本人最大速度的 90％以上完成練習；練習之間的休息控制在 1：1～8 的範圍，即練習 1 分鐘，間歇 1～8 分鐘。

7. 系統科學地訓練

訓練系統化、科學化是提高自由式技術水準的保證。對初步掌握自由式技術動作的游泳愛好者來說，接受訓練有兩種形式：

其一，參加游泳俱樂部或游泳學校之類的專門學校，在具有一定專業素養的教練員指導下接受正規訓練，這類訓練系統科學，而且訓練效果明顯。

其二，自我訓練或在家長指導下訓練，這種形式的訓練簡便，適宜初訓階段，但隨意性大，且專業水準參差不一，難以保證訓練的科學性和系統性，尤其在達到一定運動水準時，這類訓練就不能滿足進一步提高運動水準的訓練要求。

系統訓練強調游泳訓練持之以恆，不可三天打魚兩天曬網。系統訓練保證了鍛鍊效應的累加效果，有助於

技術、技能的提高和體能的發展。

　　保證系統訓練的關鍵是自覺性和計劃性，前者受主觀因素的影響，應培養終身體育鍛鍊的習慣，形成良好、健康的生活方式尤為重要。

　　後者受計劃的可行性影響，依據不同時期、不同層次的訓練目標和任務，以及硬件條件制定科學合理、切實可行的訓練計劃，有利於訓練計劃的實施。

　　科學化訓練的核心是遵循人體生物力學發展規律和訓練學規律，在增進身體健康的前提下，不斷提高游泳技術水準和運動成績。因此，在訓練設計方面應注意下面幾點：

　　（1）合理安排訓練時間間隔和單一訓練持續時間。

　　（2）合理確定各訓練內容在不同時期階段的訓練分量。

　　（3）合理安排運動負荷，負荷由數量和強度組成，不同負荷結構決定了負荷作用方向（優先發展規律）。

　　（4）科學合理地變更訓練計劃和手段，因人因時因地而異，強調計劃與手段的針對性和有效性。

十、

爬泳知識介紹

常識類

比賽規則類

自由式等級標準及記錄

名人類

十、 爬泳知識介紹

1. 常識類

（1）游泳為什麼能使人體健美？

只要堅持游泳鍛鍊，就能使人形體健美。游泳運動員健壯的身軀，勻稱的形體，豐滿而富有彈性的肌肉，光滑的皮膚，這是長期堅持游泳鍛鍊的結果。

首先，游泳是全身性的肌肉活動，游泳時人體不僅四肢運動，而且從頸部到腳，幾乎全身所有的關節和肌肉都要參加運動，這就使全身所有的肌肉、骨骼和關節都得到鍛鍊和均衡的發展，因此，游泳運動員和游泳愛好者的全身各部位的骨骼都較粗壯，肌肉都很發達。

游泳中，游泳者的胸廓在水下受到水的壓力作用，對呼吸肌和胸大肌的鍛鍊作用加強，加上肩帶需做幅度較大的活動，使游泳者的肩帶肌肉、胸大肌十分發達，胸部肌肉寬厚豐滿，無論男女游泳者的胸部，均會出現健壯、柔美的曲線。

游泳是週期性的運動，游泳者在運動中肌肉的收縮

和放鬆交替進行，肌肉張弛相濟，避免了持續地緊張用力，而使肌肉發僵、變硬。

游泳時，身體呈水平位置俯臥或仰臥於水中，避免了重力作用的影響，使游泳者的上下肢肌肉在划水和打水過程中，用力柔韌而持久，這樣就會使肌肉變得發達、飽滿，但又不明顯隆起。

游泳中，水的沖擊按摩作用，加速了游泳者全身體表毛細血管的血液循環，促進了皮膚表面細胞的新陳代謝，從而使游泳者的肌膚光滑、紅潤，肌肉豐滿而富有彈性。

游泳時，各種姿勢都要求動作要盡量伸展，以加長划水動作路線，使游泳者的游泳動作更符合力學原理。這種伸展性的動作十分有利於游泳者脊柱的充分伸展，不僅可使長時間支持人體站、坐的腰、背肌肉得到放鬆，減輕脊柱的負擔，而且有利於矯正因脊柱彎曲而形成的駝背。

（2）游泳為什麼能增強人體心血管系統的功能？

心血管系統，是人體賴以維持生命活動的最重要的器官和系統。因此，人的健康，在一定意義上說，就是心臟和血管系統的健康，而游泳運動正是增強和延緩心血管系統衰老的最有效的鍛鍊項目。

游泳對心血管系統功能的增強，主要是由以下幾個方面的影響而獲得的。

　　①水的浮力的影響：人在水中，人體的重力大部分被水的浮力所抵消，使游泳者能以水平姿勢進行運動，加上水對皮膚的壓力，使靜脈中的血液易於流回心房，這就為身體的血液循環創造了良好的條件。

　　②水的阻力的影響：人在水中游泳時，要受到水的阻力的阻礙，使游泳者猶如在陸上負重運動，要花較大的力氣，才能獲得一定的速度。因此，對人體心血管系統的影響較大，特別是在快速游進時，心跳頻率大大加快，心輸出量比安靜時高出 5～6 倍，這就要求血管流量的增加，並在克服水的壓力和微血管遇冷收縮的情況下，完成血液循環，從而使心肌的力量增大，血管壁的彈性增強。

　　經常從事游泳鍛練的人，心臟每次收縮時，輸出的血量增多，而安靜時心臟跳動比較緩慢（生理學上把這種現象稱為心動徐緩現象，是心臟健康的標誌之一）。

　　正常人的心率為每分鐘 70～80 次；經常參加游泳鍛練的人，心率為每分鐘 50～65 次；某些高水準游泳運動員的心率每分鐘 40～50 次。

　　③水的低溫的影響：人在游泳時，水溫一般低於氣溫，由於冷水對皮膚的刺激，使皮膚血管急劇收縮，將

大量血液驅入內臟和深部組織。但在每搏強有力的收縮之後，必然伴隨一次相應的舒張，這樣一張一弛，就使血管得到了鍛練。因此，游泳和冷水浴一道，被譽為「血管體操」。

低溫對游泳愛好者心血管系統機能的影響，還表現在對冷刺激引起的血管反射能力加強，使它們在遇到冷水刺激後反應迅速，靈活性提高。

長期堅持游泳鍛練者，能使血管壁平滑肌增厚，彈性增加，從而延緩了血管的衰老。

④水的衝擊、按摩作用：水是流體，以它的流動性為最大的外部特徵。在水中游泳時，人體的運動和水的流動，均會使人體表層的小動脈血管受到水的衝擊，從而起到按摩作用，這也有助於增加小動脈血管的彈性，延緩血管的衰老。

此外，游泳還能刺激血液中運輸氧氣的血紅蛋白含量增加，從而使人體攝取氧氣的能力增強。據科學測定：游泳運動員每 100 毫升血液中血紅蛋白的含量，男子為 14～16 克（一般成人男子僅為 12～14 克）；女子為 13～15 克（一般成人女子為 11～13 克）。

（3）游泳為什麼能增強人體呼吸系統的功能？

游泳對人體呼吸系統的影響，主要有以下兩個方面：

首先是水的壓力的影響。由於水的密度比空氣大800多倍，因此，人在水中所受到的壓力要比空氣中受到空氣的壓力大得多。人站在齊胸的水中，胸腔受到水的壓力高達12～15公斤，如果水的深度增加，壓力還會隨之加大。

　　人在水中吸氣時，必須克服水的壓力，才能使胸廓擴張，這就迫使吸氣肌在吸氣時必須用更大的力量來完成吸氣動作。因此，人們經常參加游泳鍛鍊，可以增大呼吸肌的力量，擴大胸圍的活動幅度，增大肺活量，從而提高呼吸系統的機能。

　　據科學測定：經常參加游泳鍛鍊的人，呼吸差可達10～12公分，而一般人則只有6～8公分；經常游泳的人肺活量可達4000～5000毫升，而一般人則只有3000～4000毫升。

　　游泳運動員的呼吸差高達14～16公分，肺活量可達5000～7600毫升，這兩項肺功能指標，都大大高於除划船運動員外的所有運動項目的運動員。

　　其次是運動方式的影響。正確的游泳呼吸技術，必須遵循嚴格的技術要求和呼吸節奏。一般情況下，每一動作周期進行一次呼吸（即蝶泳、蛙泳每划臂一次呼吸一次，自由式、仰泳兩臂各划水一次呼吸一次），並且只能在頭出水面的瞬間進行。

為了保證運動時氧氣的供應而又不致增加阻力和造成身體下沉，頭出水面時的吸氣動作必須快而深。這種呼吸方式也有助於呼吸肌力量的增強和肺活量的增加，從而使游泳者的呼吸機能得到提高。

　　（4）游泳為什麼能增強人體消化系統的功能?

　　游泳能增進食慾，增強消化系統的機能，這是每個游泳者都能直接感受到的。因此，不少家長讓孩子參加游泳，認為游泳是治療兒童食慾不振和厭食症的良方。

　　為什麼游泳能使游泳者增進食慾和增強消化系統的功能呢？

　　這就是水的某些物理特性的特殊功能。由於水的密度和導熱性都比空氣大得多（水的導熱性是同溫度空氣的 25 倍），因此，人在水中散失的熱量，也數倍於停留於同溫度的空氣中的散熱量，加上游泳時的水溫一般都低於氣溫，使更多的體熱通過水的傳導而流失。

　　如果游泳者以在陸地上步行的速度在水中游泳，每游 1 公尺所消耗的能量要比陸上步行大 9 倍。如果游泳者以中等速度在水中游泳 100 公尺，消耗熱量約 100 千卡，相當於跑 400 公尺或騎自行車 1 公里所消耗的能量。

　　由於游泳時人體能量的大量消耗，人體為了保持散熱和產熱的平衡，在中樞神經系統的調節下，加強了產

熱過程，動員了肌肉和肝臟中所貯備的能量來保證能量的供應。

人體內貯備的能量的消耗，要求迅速補充能源，於是人體的消化系統就會要求食物供給，游泳者就會出現饑餓的感覺。因此，人經常游泳，能增進食慾，增強人體的代謝能力，使消化系統的機能得到改善和增強。

（5）應該怎樣進行冬泳？

經過一定時間的鍛鍊和準備，身體對冷刺激的適應能力提高了，就可以開始冬泳。冬泳時，準備活動要做得充分，要做到身體發熱，然後下水。開始時，下水冒一下就出來，以後每次可游 10 公尺、20 公尺、30 公尺，依此類推，穩步增加，最後每次可增加到二、三百公尺，至於每個人游的距離要因人、因地、因時而異，不可強求一致。出水以後，身體要擦乾擦紅，穿衣，再進行整理活動（如慢跑、做體操等）。

在水裡游泳的時間越長，反應越強，恢復也越慢。由於每個人的鍛鍊基礎和適應能力不同，對冷水的耐受程度也有很大差異。因此，如上所述，究竟一個人應在水裡堅持游多久，不能一概而論，一般說來，如果全身皮膚由冷轉麻、由麻轉痛時，就不要硬性堅持，應立即出水穿衣結束。

冬泳時，不僅體溫散失很多，而且還因為一定的體

力活動，所以能量消耗比較大。因此，次數不宜過多，以每天或隔天進行一次為宜，否則體力消耗太大，容易出毛病。如果冷水鍛鍊間隔時間過長，削弱了以前鍛鍊時所產生的適應能力，就要從頭開始。

在飯後一個半小時的時間內或在疲勞時，不宜進行冬泳或冷水浴。其他時間，只要做好浴前準備活動和浴後整理活動，都可進行。一般來講，白天比晚上好，中午前後和早上都可進行。早上空氣新鮮，進行鍛鍊後有利於一天的工作，而晚上身體疲憊，反應能力下降，鍛鍊後容易發生不良反應。

（6）如何拖帶溺水者？

拖帶是利用各種不同的游泳動作，將溺水者帶到岸邊或安全的地方進行搶救的一種方法。採用哪一種拖帶方法好，這要根據不同的情況及溺者被溺後的情況來選擇。現將常用的幾種拖帶方法介紹如下：

①扶肩拖帶法

扶肩拖帶法適用於在水中發生極度疲勞、肌肉痙攣（抽筋）或者被溺後神志仍清醒的人。拖帶時，被拖帶者雙手自然伸直、放鬆，分別扶於救護者的雙肩上，隨同救護者用蛙泳向前游進。如果是兩名救護者同救一名溺水者，該溺水者可以用雙手分別扶於左右救護者的肩上。

②托頷拖帶法

救護者用雙手分別托住溺水者的下頷兩側，使其頭部露出水面，然後用反蛙泳進行拖帶。此法適用於昏迷或者能夠合作的溺水者。

(3)托腋拖帶法

救護者用雙手分別托在溺者的兩側腋下，以拇指分別緊握溺者兩側的肱骨上端，四指分開托住腋下，然後用反蛙泳的蹬水動作進行拖帶。此法適用於昏迷或有些躁動的溺水者。

④抓髮拖帶法

救護者用一隻手去抓住溺水者的頭髮，盡量使其頭部露出水面，然後用側泳進行拖帶。此法適用於昏迷或仍有微弱呼吸的溺水者。如果溺水者呼吸已經停止，應儘快進行口對口人工吹氣搶救，一面吹氣，一面拖帶。

⑤托枕拖帶法

救護者用左手的「虎口」對準溺者枕後，用力握住兩側，然後用側泳進行拖帶。此法適用於昏迷或能合作的溺者。

⑥制動拖帶法

制動拖帶是在溺水者出現煩躁狂動、很不合作的情況下採用的，拖帶時，救護者用左手先穿過溺水者的左側腋下，再繞過其胸前，然後托住其右側下頷，用側泳

將其拖帶。如果溺水者非常狂躁,用上述方法仍不能制
服他時,為了安全和爭取時間,救護者應先用右手穿過
溺者的腋下,繞向前面,托住其左側下頜,再用左手握
住溺者的左前臂,並使其肘關節屈曲並固定在溺者背後
加以制服。

為了制服溺者狂動又要進行拖帶,可用有力的左手
臂,由體外側穿過溺水者的右側腋下,繞過其背後,用
手抓住溺者的左上臂加以制服,再用右手划水,
用側泳的剪腿方法或用蛙泳蹬腿方法進行拖帶。

（7）如何畫分游泳年齡組?

游泳訓練和競賽制度之一:指按少年兒童生長發育
特點,把 17 歲以下的少年兒童分成不同的年齡組,以
便於訓練、競賽和管理。這種制度可促進運動水準的發
展,避免少年兒童與成人一起比賽時,因條件不等(指
年齡及身體條件)而引起的弊病,在某種程度上可防止
少年兒童訓練過早專項化。在國際上通常把年齡組分成
10 歲及 10 歲以下組(我國稱為兒童乙組)、11~12 歲
組(兒童甲組)、13~14 歲組(少年乙組)及 15~17
歲組(少年甲組)。

早在 50 年代初,美國全國業餘體育協會規定了國
家年齡組,按年齡組舉行游泳競賽,還相應地成立了年
齡組游泳協會。

1960 年以來美國在游泳運動方面所取得的成績，很大程度要歸功於年齡組的游泳計劃。許多著名游泳運動員如施皮茨、考爾金斯等，都曾是年齡組冠軍。前東德、前蘇聯、澳大利等國也相繼推行了游泳年齡組制度，並不斷完善和充實，制定了年齡組訓練大綱，建立了選材的研究機構，對兒童少年的形態、機能、素質進行專門的研究，促進了少年兒童游泳運動的開展與提高，使上述國家成為游泳強國。

我國在 60 年代中期也開始了年齡組訓練制度。1973 年以後又編寫了有關少年兒童訓練的專門教材，1984 年國家體委開始制定游泳年齡組訓練大綱，1988 年開始試行。年齡組訓練是一個國家提高游泳運動水準的基礎，是一個長期的戰略措施，越來越得到更多國家更廣泛的重視。

（8）什麼是醫療游泳？

指利用游泳手段醫治患有慢性疾病患者的一種游泳技術。它是在醫生的指導下，採用游泳運動康復或增強其體質和提高患者抗病能力的一種游泳方法。

醫療游泳，一般都規定出嚴格的「游泳距離」（指一次游泳的總距離）、「游泳動作次數」（指單位時間內或單位距離中的游泳動作次數）、「游泳時間」（指一次游泳的時間）、「游泳強度」（指游泳時用力的大

小）。

醫療游泳通常採用蛙泳、反蛙泳、仰泳、側泳或漂浮，動作簡單，並且都是有節奏、有規律而又緩慢地進行的。

（9）什麼是軍事游泳？

指用於軍隊中的游泳技術和技能，現在都把它包括在實用游泳技術中。軍事游泳技術和技能中包括有：水中定向游泳、水中爆破、水下偵察、水下偷襲、水下打撈、著裝泅渡等。在軍事游泳中多採用蛙泳、側泳、反蛙泳的方法游進。

（10）是誰創造了游遠紀錄？

美國的戈施 1986 年 5 月 17～18 日在美國密執安大學的 25 碼（22.86 公尺）游泳池裡，24 小時內共游了 89.611 公里。這項游泳最遠的紀錄原來是由法國的默萊居厄保持的，1980 年 5 月 31 日～6 月 1 日，他在法國埃蒂內城游了 87.528 公里。

1 小時游得最遠的人是前西德科隆的賴納·亨克爾。他 1985 年 9 月 21 日在烏波爾塔爾創造了 1 小時游 5515 公尺的世界紀錄。這個項目女子世界紀錄也是科隆人彼特拉·岑得勒保持的。她於 1985 年 11 月 11 日，在阿爾思貝格 1 小時游了 4950 公尺。

（11）誰是奧運會金牌最多獲得者?

美國的施皮茨（男，1950 年 2 月 10 日出生）在 1968 年奧運會上獲得男子 4×100 公尺和 4×200 公尺自由式接力，1972 年奧運會上獲得 100 公尺和 200 公尺自由式、100 公尺和 200 公尺蝶泳、4×100 公尺和 4×200 公尺自由式接力以及 4×100 公尺混合式接力，共 9 枚金牌。此外，他在 1968 年還獲得了 100 公尺蝶泳銀牌和 100 公尺自由式銅牌。除 1968 年的 4×200 公尺自由式接力外，他都同時創造了新的世界紀錄。

前東德的奧托（女，1966 年出生）在 1988 年奧運會上取得女子 50 公尺和 100 公尺自由式、100 公尺仰泳、100 公尺蝶泳、4×100 公尺自由式接力、4×100 公尺混合式接力的 6 枚金牌。

（12）奧運會游得最慢的人是誰？

赤道幾內亞的埃里克·姆薩巴尼在 2000 年雪梨奧運會游泳比賽中「因慢成名」。參加奧運會男子 100 公尺自由式比賽是這位 22 歲的選手第一次在 50 公尺的游泳池內比賽，他在家鄉訓練的游泳池只有 20 公尺長。2000 年 1 月才學會游泳的埃里克，在整個游程中始終將頭抬得很高，因為他還沒有學會將頭埋在水中呼吸。當他到達終點時，計時表上顯示，成績是 1 分 52 秒 72，比 200 公尺自由式奧運會冠軍還慢了 7 秒多。

（13）誰是創造游泳世界紀錄最多的人？

瑞典男子運動員博格（1901 年 8 月 18 日生），在1921～1929 年間共 32 次打破世界游泳紀錄。丹麥女子運動員韋格（1920 年 12 月 10 日生），在 1936～1942年間共 42 次打破世界紀錄。在現代條件下（50 公尺游泳池中）創世界紀錄最多者，是美國的施皮茨。他在1967～1972 年間，共 26 次打破世界紀錄。

前東德的恩德爾在 1973～1976 年間 23 次打破女子項目的世界紀錄。

（14）舉行過哪些長游活動？

長游是游泳活動的一種方式。有群眾性的長游，也有職業運動員的長游。一般都在江河湖海等天然水域中進行，故又稱天然水域游泳。長游又可分為在海上進行的波浪游泳、超過 3 英里或相當於 5 公里以上的長距離游泳、超過 10 英里或相當於 16 公里以上的馬拉松游泳。此外，也有不限距離而以游泳時間比長的長游。

波浪游泳常常是游渡海峽或圍繞某島嶼來長游。比較著名的是游渡英吉利海峽（見「游渡海峽」）。圍繞島嶼的長游難度不如游渡海峽。美國紐約有環游哈得遜河河口曼哈頓島的長游。我國也組織過環游鼓浪嶼等島嶼的長游。

馬拉松游泳中游距最長的是美國人弗雷德・牛頓，

他從達姆堡出發，順密西西比河一直游到新奧爾良，全程達 2938 公里，在水中的時間長達 724 小時。而不停頓游泳距離最長的是美國人克拉倫斯‧賈爾，他用 71 小時 03 分游了 463.5 公里。美國女子狄安娜‧奈德於 1979 年以 27 小時 28 分游了 143.2 公里。游泳時間最長的是保加利亞的西斯科‧斯托西諾夫，1980 年他從西德的因戈爾施塔特順多瑙河游了 57 天。

國際馬拉松游泳錦標賽每 4 年舉行一次。1986 年第六屆國際馬拉松游泳錦標賽在英國的溫德梅湖舉行，游程為 27 公里。經常行長游的國家有英國、加拿大、美國、阿根廷、義大利、埃及、保加利亞等。

（15）都有誰游渡過海峽？

游渡海峽是人們利用天然水域進行長距離游泳以鍛鍊身體和意志的一項運動。游渡海峽不同於在游泳池內或其他風平浪靜的湖面上游泳。海峽是兩塊陸地之間連接兩個海或洋的較窄水道。由於有海風和海潮的影響，往往風緊浪高，水深流急，加之有鯊魚等海洋動物的侵襲，因此，游渡海峽是有一定危險性的。

歷史上記載最早游渡海峽的是英國著名詩人拜倫，他為了懷念傳說中的一對戀人，在 1810 年 5 月 3 日，用 1 小時 10 分橫渡了 1008 公尺長的赫勒斯朋特海峽（今達達尼爾海峽）。此後，世界上許多著名的海峽如

英法之間的英吉利海峽、土耳其的博斯普魯斯海峽、地中海的直布羅陀海峽、紐西蘭的庫克海峽、南美的麥哲倫海峽和義大利的墨西拿海峽等都紛紛被人們征服。而其中難度最大、游渡人數最多、影響最廣的當推英吉利海峽。

英吉利海峽位於英國和法國之間，國際上公認的游渡路線為英國的多佛和法國的加來之間，直線距離35公里左右。由於幾乎終年都有洶湧的急流和海浪，實際游距往往長達60公里以上。加之寒冷刺骨的海水和海蜇等水生物的侵擾，使游渡的成功率很低。截至1987年7月，大約共有3700多人實施4500多個游渡計劃，可是僅僅只有297人獲得成功，其中199名男子，98名女子。

1875年英國人馬修·韋布第一次用蛙泳姿勢以21小時45分橫渡英吉利海峽成功。此後35年無人步其後塵，從1875～1934年60年間，總共也只有19人成功地游渡了英倫海峽。但是隨著近代游泳運動的發展，游渡海峽越來越成為人們喜愛的一項運動。人們認為游渡海峽不僅沒有游泳池範圍的限制，而且沒有人群的擁擠和阻擋，可以自由地選擇適宜的節奏和寬敞的泳道。

1988年8月8日臺灣的王瀚、陳月嬌、劉菊美、鄭玉玲、容淑賢、張慧美6名女將組成的游泳接力隊，

以 14 小時 31 分，首次橫渡英吉利海峽獲得成功。在出發之前，她們接到海洋巡防隊的報告說，海峽中部的浪勢變大，必須注意。在當天參加挑戰的美國、前西德及日本隊因而取消了下海，但王瀚仍按原計劃下水。當時水溫只有 16 攝氏度，海水非常冷，王瀚在驚濤駭浪的英吉利海峽中不斷地堅持向目標游進，當劉菊美接過第 15 棒後，已是深夜。她們在白蘭斯角登陸，完成橫渡英吉利海峽這次重大的挑戰。

近年來，人們已不僅爭取游渡海峽成功，而且追求速度，追求連續游幾個來回，以及追求游渡的總次數。使自己成為「海峽之王」或「海峽女王」。到目前為止，游得最快的紀錄是 1978 年由彭尼·李迪安創造的 7 小時 40 分。

1981 年芝加哥的喬恩·埃里克森用了 38 小時 27 分連續不停地三次游渡英吉利海峽。游渡次數最多的是英國人雷德，他從 1969 年 8 月 24 日～1984 年 8 月 19 日共 31 次游過英吉利海峽。女子是英國的尼古拉斯，她從 1975 年 7 月 29 日～1982 年 9 月 14 日共游渡 19 次，因而他們分別被譽為「海峽之王」和「海峽女王」。

在游渡成功者名單上年齡最小的是兩名年僅 12 歲的英國小學生。年齡最大的是 65 歲的男子阿什比·泰勒

和 47 歲的女子斯特拉‧泰勒。此外還有一些殘障人也成功地游渡了英吉利海峽。游渡海峽要特別注意掌握海水漲潮和落潮的規律、了解天氣與海浪情況。早在 1927年就有了「海峽游泳協會」組織，游渡英吉利海峽要提前幾個月申請。「海峽游泳協會」則提供游渡線路指導、游渡規則、救護船隻。同時委派裁判員監督游渡者，對游渡成功者發給證書。

（16）橫渡長江的活動及注意事項是什麼？

長江是中國第一大江，全長 6300 公里。滾滾東流，波濤洶湧，歷來被人們認為是天塹。1933 年遼寧史家三兄弟在南京首次橫渡長江成功，一時轟動全國。

武漢市在長江中游，兩岸間相距 1000 多公尺。江中有江心急流和漢水口的急流、旋渦等多處險阻。流速一般都在每秒 1.5～2 公尺，江面上經常有 4～5 級風浪。運動員從武昌橋頭下水，游到漢口，實際游距往往在 5000 公尺以上。

1956 年，毛澤東在武昌三次橫渡長江，並寫下了「萬里長江橫渡，極目楚天舒」「不管風吹浪打，勝似閑庭信步」的詩句。毛澤東曾先後 13 次暢游長江，1966 年游渡時已是 73 歲高齡，他的實踐對群眾性的游渡江河湖海活動起了巨大的鼓舞和推動作用。

由於毛澤東的倡導，群眾性橫渡長江活動蓬勃發

展。1956年，武漢市有3346人橫渡長江，1957年增加到5273人，到1966年第十屆渡江活動時，武漢市共有600多個單位、2萬餘名男女運動員參加。在橫渡長江時，兩岸千萬群眾熱情洋溢，江中大小船舶汽笛齊鳴，大橋上下汽車火車長嘯而過，猶如盛大的節日一般。

橫渡長江必須注意安全。首先要弄清楚水上船隻往來的情況，查明水下有無暗礁、木樁，江中哪些地方有漩渦、急流，了解近期的氣候、風向、流速等。然後組織有代表性的試渡，確定最適宜的航道和游距，最後選擇較平坦、較開闊的地方作為橫渡的起、終點。

組織橫渡長江，要先擬定規程，確定游渡的日期、時間、集合地點、編隊方式、個人和全隊的注意事項等。同時要組織好物資供應、醫療救護、通訊聯絡，布置好場地設備、航道標誌、救生艇等。

橫渡長江時不限定泳式，但一般都採用蛙泳。蛙泳容易看清目標、辨別方向，遇到浪頭時也易於低頭穿浪。如果還能掌握爬泳和仰泳，那就更有利於提高游進的速度。在急流或旋渦中可以用爬泳來搶渡出險。運動員在橫渡前，還應對自己的游泳速度和體力有正確的估計。

通常先預定出發點對岸的大目標，爭取提前到達對岸。如果體力較差，一開始又對著終點斜游，就有可能

被江水沖過終點，而這時再要向上游進就困難多了。

（17）誰是游渡渤海海峽第一人？

2000 年 8 月 10 日，在渤海中頑強拼搏了 50 小時 22 分的北京體育大學教師張健，成功地在山東省蓬萊市東海灘登陸，完成了橫渡渤海的壯舉。

張健是 8 月 8 日早 8 點從大連旅順鐵山鎮南岬角下海開始橫渡渤海的。在接下來的 50 多個小時裡，他沒有借助任何漂浮物，嚴格按照國際長距離游泳規則，在裁判員的監督下，游渡 123.58 公里，完成了此次壯舉。在此之間，1988 年，張健還成功地橫渡了 29.5 公里寬的瓊州海峽。

（18）為什麼把鯊魚裝叫快速皮膚？

「快速皮膚」是一種將運動員從脖頸到踝關節全部包裹起來，採用類似鯊魚皮膚結構原理製成的材料，使運動員在游泳時減少阻力，提高浮力，最終提高游速的連身游泳衣。據推測，這種新式泳衣可以使運動員的成績提高 3%～5%。

在 2000 年雪梨奧運會游泳比賽中，我們看到了各種式樣的「鯊魚裝」。既有從脖頸到踝關節全部包裹起來的全身式泳裝，也有只比傳統泳褲略長的短褲式泳裝。

2. 比賽規則類

（1）自由式比賽出發規則

自由式比賽，運動員須從出發臺起跳出發。當聽到總裁判長發出長哨聲信號後，運動員應該站到出發臺上。當發令員發出「各就位」的口令後，運動員應至少有一隻腳立即在出發臺前沿做好出發準備（手臂位置不限），再聽到「出發信號」（鳴槍、電笛、鳴哨或口令）後才能做出發動作。運動員如在「出發信號」發出之前出發，應判出發搶碼犯規。

第一次出發如有運動員搶碼犯規，發令員召回運動員並組織重新出發。第二次出發，無論哪名運動員搶碼犯規（不論該運動員是第幾次犯規），均被取消比賽資格或錄取資格。如果比賽規程規定該比賽採用「一次出發」規則，則在第一次出發時，凡搶碼犯規者，都被取消比賽資格或錄取資格。

（2）自由式比賽游進中規則

自由式比賽途中游可採用任何泳式。但在個人混合泳及混合接力賽中，自由式是指除蝶泳、仰泳、蛙泳外的泳姿。在出發和每次轉身後，運動員潛泳距離不得超過15公尺，在15公尺前運動員的頭必須露出水面，在以後的整個游程中，運動員身體的一部分必須露出水

面。

（3）自由式轉身規則

運動員轉身時，一定要觸池壁，但可用身體任何部分觸壁。

（4）自由式到達終點規則

運動員到達終點時，可用身體任何部分觸池壁。

（5）自由式接力規則

自由式接力的比賽項目，主要有 4×100 公尺和 4×200 公尺自由式接力。也有一些比賽設 4×50 公尺自由式接力項目。每單位可在報名參加比賽的同組運動員中任選四人參加。在預決賽中參加者可以任意調換，預賽和決賽均須將按接力棒次順序的運動員名單在該場比賽開始前交檢錄處，否則以棄權論。在接力比賽中如顛倒棒次或冒名頂替者均應判犯規。任何接力隊員在一次接力比賽中只能參加一棒比賽。任何一名隊員犯規即算該隊犯規。

接力比賽時，必須前一棒運動員觸及池壁，後一棒運動員才能離臺出發（圖 89）。如本隊的前一名運動員尚未觸及池壁，而後一名運動員即離臺出發，應算犯規。如該運動員重新返回並以身體任何部分觸及池壁再行游出時，不作犯規論。

在接力比賽過程中，當各隊的所有運動員還未游完

之前，除了應游該棒的運動員之外，任何其他接力隊員如果進入水中，該接力隊將被取消錄取資格。

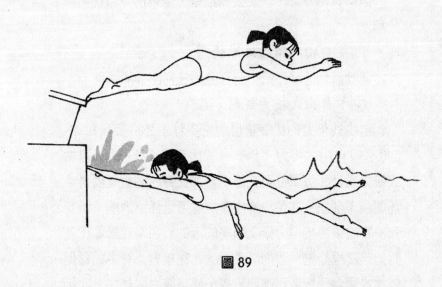

圖89

3. 自由式等級標準及紀錄

（1）全民健身自由式鍛鍊標準

性別	等級 成績 項目	一級 （飛魚）		二級 （鯨魚）		三級 （海豚）		四級（海豹）
		50公尺池	25公尺池	50公尺池	25公尺池	50公尺池	25公尺池	
男子	50 公尺自由式	46.00	45.00	1:06.00	1:05.00	1:36.00	1:35.00	用競技游泳姿勢持續游200公尺
	100 公尺自由式	1:41.00	1:39.00	2:17.00	2:15.00	3:17.00	3:15.00	
	200 公尺自由式	3:43.00	3:40.00	4:39.00	4:36.00	6:39.00	6:36.00	
	400 公尺自由式	7:51.00	7:45.00	9:32.00	9:17.00	13:23.00	13:17.00	
女子	50 公尺自由式	50.00	49.00	1:10.00	1:09.00	1:40.00	1:39.00	用競技游泳姿勢持續游200公尺
	100 公尺自由式	1:50.00	1:48.00	2:25.00	2:23.00	3:25.00	3:23.00	
	200 公尺自由式	3:56.00	3:53.00	4:55.00	4:52.00	6:55.00	6:52.00	
	400 公尺自由式	8:10.00	8:04.00	9:55.00	9:49.00	13:55.00	13:49.00	

（2）游泳運動員自由式技術等級標準

性別	項目	國際級健將		運動健將		一級		二級		三級		少年級	
		50公尺	25公尺	50公尺	25公尺	50公尺	25公尺	50公尺	25公尺	50公尺	25公尺	50公尺	25公尺
男	50公尺自由式	23.14	22.14	23.50	22.50	24.50	23.50	28.00	27.00	35.00	34.00	46.00	45.00
	100公尺自由式	50.80	49.30	53.50	52.00	56.50	55.00	1:06.00	1:04.50	1:23.00	1:21.50	1:45.00	1:44.00
	200公尺自由式	1:50.41	1:46.91	1:57.00	1:53.50	2:05.00	2:01.50	2:25.00	2:21.50	2:58.00	2:54.50	3:48.00	3:45.00
	400公尺自由式	3:54.29	3:47.29	4:09.00	4:02.00	4:25.00	4:18.00	5:10.00	5:03.00	6:20.00	6:15.00	8:00.00	7:54.00
	800公尺自由式			8:36.00	8:22.00	9:10.00	8:56.00	10:40.00	10:26.00	13:20.00	13:06.00		
	1500公尺自由式	15:28.42	15:03.42	16:20.00	15:55.00	17:35.00	17:09.00	20:30.00	20:05.00	25:00.00	24:35.00		
女	50公尺自由式	26.23	25.23	26.70	25.70	27.70	26.70	32.00	31.00	39.00	38.00	50.00	49.00
	100公尺自由式	56.88	55.88	59.50	58.50	1:03.50	1:02.00	1:14.00	1:12.50	1:35.00	1:34.00	1:55.00	1:54.00
	200公尺自由式	2:01.94	1:58.94	2:08.00	2:05.00	2:17.00	2:14.00	2:41.00	2:38.00	3:25.00	3:22.00	4:02.00	3:59.00
	400公尺自由式	4:14.07	4:07.07	4:28.00	4:21.00	4:48.00	4:41.00	5:50.00	5:43.00	7:10.00	7:03.00	8:30.00	8:23.00
	800公尺自由式	8:40.17	8:26.17	9:10.00	8:56.00	9:50.00	9:36.00	12:00.00	11:56.00	15:10.00	14:56.00		
	1500公尺自由式			17:50.00	17:25.00	18:50.00	18:25.00	24:00.00	23:35.00	28:00.00	27:35.00		

（3）自由式全國、亞洲、世界紀錄（50公尺池）

性別	項目	全國紀錄			亞洲紀錄			世界紀錄		
		成績	運動員	創造時間	成績	運動員	創造時間	成績	運動員	創造時間
男	50公尺自由式	22.33	蔣丞稷	1996	22.33	蔣丞稷（中）	1996	21.64	波波夫（俄）	2000
	100公尺自由式	50.51	沈堅強	1989	50.45	伊藤弘介（日）	2000	47.84	霍根班德（荷蘭）	2000.9
	200公尺自由式	1:50.60	陳洲	1997	1:50.41	前田泰平（日）	2000	1:44.69	索普（澳）	2001.3
	400公尺自由式	3:54.78	金浩	1997	3:51.42	牧野昌仁（日）	2000	3:40.59	索普（澳）	2000.9
	800公尺自由式	8:19.19	劉禹	1999	8:01.88	牧野昌仁（日）	2000	7:41.59	索普（澳）	2001.3
子	1500公尺自由式	15:32.23	王大力	1987	15:14.43	牧野昌仁（日）	2000	14:41.66	帕金斯（澳）	1994.8
	4×100公尺自由式接力	3:24.96	中國隊	1990	3:22.53	日本隊	1998	3:13.67	澳大利亞	2000.9
	4×200公尺自由式接力	7:30.26	中國隊	1992	7:23.55	日本隊	1998	7:07.05	澳大利亞	2000.9
女	50公尺自由式	24.51	樂靖宜	1994.9	24.51	樂靖宜（中）	1994.9	24.13	德布魯因（荷）	2000.9
	100公尺自由式	54.01	樂靖宜	1994.9	54.01	樂靖宜（中）	1994.9	53.17	德布魯因（荷）	2000.9
	200公尺自由式	1:56.89	呂彬	1994	1:56.89	呂彬（中）	1994	1:56.78	阿爾姆西克（德）	1994.9
	400公尺自由式	4:05.00	陳妍	1997	4:05.00	陳妍（中）	1997	4:03.85	埃文斯（美）	1988.9
	800公尺自由式	8:27.94	陳妍	1997	8:27.94	陳妍（中）	1997	8:16.22	埃文斯（美）	1989.8
子	1500公尺自由式	16:51.10	閻明	1987	16:18.52	山田沙智子（日）	2000	15:52.10	埃文斯（美）	1988.3
	4×100公尺自由式接力	3:37.91	中國隊	1994	3:37.91	中國隊	1994	3:36.61	美國隊	2000.9
	4×200公尺自由式接力	7:57.96	中國隊	1994	7:57.96	中國隊	1994	7:55.47	前東德隊	1987

4. 名人類

楊秀瓊（1918～1982）

中國早期女子游泳運動員。廣東東莞人。早期隨父親在香港進行游泳訓練。1930 年獲香港游泳公開賽 50 公尺自由式和 100 公尺自由式兩項冠軍。1931 年獲香港九龍渡海游泳第一名。1933 年 10 月，在南京召開的第五屆全國運動會上，楊秀瓊獲得 50 公尺自由式、100 公尺自由式、100 公尺仰泳、200 公尺仰泳女子 4 個單項冠軍，與隊友合作取得 4×50 公尺接力的冠軍，並創全國紀錄。1934 年 5 月，在馬尼拉舉行的第十屆遠東運動會上，楊秀瓊又取得 50 公尺自由式、100 公尺自由式、100 公尺仰泳 3 項冠軍，還與隊友合作取得 4×50 公尺自由式接力的冠軍。這 4 個項目不但打破了全國紀錄，而且創造了遠東運動會的紀錄，在賽場上多次升起中國國旗。

1935 年 10 月，在上海召開的第六屆全國運動會上，楊秀瓊代表香港隊參加比賽，取得 100 公尺自由式和 100 公尺仰泳兩項冠軍。1936 年 8 月，楊秀瓊代表中國參加了在柏林舉行的第十一屆奧運會。在選拔賽中，她打破了 100 公尺自由式和 400 公尺自由式的全國

紀錄。由於楊秀瓊在游泳上的傑出貢獻，加上她儀表端莊，身材優美，人們出於對她的愛戴，稱她為「美人魚」。

符大進（1937～　　　）

中國男子游泳運動健將。海南文昌人，出生於印尼蘇門答臘先達市。8 歲學會游泳。1957 年獲蘇門答臘 100 公尺自由式冠軍。

1958 年回國參加游泳訓練。1959 年他代表廣東省參加第一屆全國運動會獲得 200 公尺、400 公尺自由式兩項桂冠。1960 年游出了 100 公尺自由式 55.4 的好成績，相當於當年奧運會該項目第二名的成績。1962 年在世界青年聯歡節上獲得 100 公尺自由式、100 公尺蝶泳和 4×100 公尺自由式接力 3 枚金牌。

1963 年參加在雅加達舉行的第一屆新興力量運動會上奪得 100 公尺和 200 公尺自由式金牌。1964 年參加在印尼舉行的亞、非國際游泳跳水比賽中奪得 100 公尺、200 公尺自由式及兩項接力共 4 枚金牌。

他從 1958～1972 年多次打破和保持 100 公尺自由式全國紀錄。1975 年舉家遷居香港後，曾在香港東方冬泳會和南華游泳會擔任教練。

1999 年已 62 歲的符大進在迎澳門回歸、慶祝中華

人民共和國成立五十周年成人游泳比賽中，50 公尺自由式仍游出 29.88 的好成績。

楊文意（1972～　　　）

中國女子游泳運動員，上海人。是我國第一個打破游泳世界紀錄的女運動員，為我國泳壇「五朵金花」之一。童年時代楊文意已顯露出游泳方面的過人才華，曾先後 18 次打破 100 公尺、200 公尺仰泳、200 公尺個人混合泳的全國年齡組紀錄。

1985 年 8 月在鄭州第一屆青運會上，楊文意獲得 50 公尺自由式金牌和 100 公尺仰泳銅牌。1986 年 8 月在香港亞太地區分齡賽中獲女子少年甲組 6 枚金牌，1 枚銀牌。1987 年 4 月再次參加亞太地區分齡賽，又獲 5 枚金牌；在澳大利亞參加泛太平洋游泳錦標賽中，4×100 公尺混合泳接力賽奪得銅牌，並創亞洲最好成績。1987 年 11 月，在第六屆全運會上，50 公尺自由式中游出 25.47 的亞洲最好成績，列 1987 年世界第四位，100 公尺仰泳也創亞洲最好成績，並獲得 4 枚金牌和 1 枚銅牌。1988 年 2 月在漢堡舉行的國際游泳賽上，她和隊友一起獲得 4×50 公尺自由式接力賽銀牌和 50 公尺自由式第四名。

1988 年 4 月在廣州舉行的第三屆亞洲游泳錦標賽

上，她以 24.98 的成績打破了羅馬尼亞選手保持的
25.28 的女子 50 公尺自由式世界紀錄並奪得冠軍，成
為中國第一個打破游泳世界紀錄的女運動員。她的 100
公尺仰泳也創造了亞洲最好成績並奪得金牌，她還和隊
友一起在 4×100 公尺自由式接力和 4×100 公尺混合泳
接力中奪得金牌並超過亞洲最好成績。

　　1988 年 9 月她參加在漢城舉辦的第二十四屆奧運
會，以 25.64 的成績打破 50 公尺自由式奧運會紀錄並
獲得銀牌、在 4×100 公尺自由式接力獲得第四名，並
因此當選為當年中國奧運會十佳運動員。

　　1990 年，在第十一屆亞運會上她奪得 50 公尺自由
式、100 公尺仰泳、4×100 公尺自由式接力和 4×100 公
尺混合泳接力 4 枚金牌。1991 年 1 月在「國際游聯短
距離衝刺賽」中，50 公尺仰泳以 29.53 獲金牌並創造
該項目世界最好成績。1992 年在第七屆全運會上，她
獲得 4 枚金牌，50 公尺自由式和 100 公尺蝶泳成績分
別為 24.97 和 59.21。

莊泳（1972~　　　　）

　　中國女子游泳運動員，上海市人。曾多次創造亞洲
最好成績、獲得游泳世界錦標賽金牌、奧運會金牌，為
我國泳壇「五朵金花」之一。1987 年她參加第六屆全

運會，奪得 4 枚金牌，1 枚銀牌，她的 100 公尺自由式超過當年亞洲最好成績，列世界第十位，同年參加泛太平洋游泳賽，和隊友一起獲得 4×50 公尺自由式接力賽銀牌。

1988 年 6 月她的 100 公尺自由式成績排列世界第五位，在漢城舉行的第二十四屆奧運會上，奪得 100 公尺自由式銀牌，並和隊友一起奪得 4×100 公尺自由式接力第四名。1990 年她在第十一屆亞運會上奪得 100 公尺、200 公尺自由式金牌，並與隊友一起奪得 4×100 公尺自由式接力和 4×100 公尺混合泳接力金牌。

1991 年 1 月在澳大利舉行的第六屆世界游泳錦標賽上，她獲得 50 公尺自由式金牌、100 公尺自由式銅牌、200 公尺自由式第六名，並刷新了該項目亞洲紀錄。1992 年在巴塞隆那奧運會上，她奪取了 100 公尺自由式的金牌，創造亞洲紀錄，並奪得 50 公尺自由式銀牌，還與隊友共同獲得 4×100 公尺自由式接力銀牌。1993 年在第七屆全國運動會上，她又奮力拼搏，奪取 1 枚金牌、1 枚銀牌、1 枚銅牌。她的 50 公尺、100 公尺自由式成績均排列 1993 年世界第三位。

閻明（1969～　　　）

中國女子游泳運動員，生於黑龍江省齊齊哈爾市。

曾多次打破女子 200 公尺、400 公尺、800 公尺、1500 公尺自由式和 400 公尺個人混合泳全國紀錄和創造亞洲最好成績。閻明 7 歲開始學游泳，12 歲起進行系統訓練，有一身經過良好訓練的體力，是一位游泳「馬拉松」的強者。她在長距離項目比賽中採用兩次打腿技術，動作協調、連貫。

1986 年 1 月在法國斯德拉斯堡金杯賽中，閻明創女子 800 公尺自由式亞洲最好成績，同年 9 月，在第十屆亞運會上，她獨得 3 枚金牌，並創 400 公尺、800 公尺自由式和 400 公尺個人混合泳 3 項亞運會紀錄和亞洲最好成績。1988 年第三屆亞洲游泳錦標賽中，她奪得 4 枚金牌。

1990 年，她在世界杯游泳賽中獲得 400 公尺個人混合泳金牌，同年在第十一屆亞運會中獲得 400 公尺、800 公尺自由式金牌和 400 公尺個人混合泳銀牌。閻明現在深圳市體工隊擔任游泳教練員。

樂靖宜（1975~ ）

中國女子游泳運動員，上海人。7 歲進入上海體育俱樂部，在林開銘教練指導下，開始游泳訓練。13 歲進入上海隊，16 歲進入國家隊。

1992 年在巴塞隆那奧運會上，她與隊友一起，獲

得 4×100 公尺自由式接力銀牌和 100 公尺自由式第六名。1993 年獲全國游泳冠軍賽 50 公尺、100 公尺自由式金牌，同年在第七屆全運會上獲得 100 公尺自由式金牌，並與隊友一起奪得 4×100 公尺自由式接力和 4×100 公尺混合泳接力金牌。

1993 年 12 月份在西班牙舉行的首屆世界短池游泳錦標賽上，她獲得 50 公尺、100 公尺自由式冠軍，並以 24.23 和 53.01 創兩項世界紀錄，在 4×100 公尺自由式接力中，她與隊友共同以 3：35.97 獲得冠軍並創造該項目世界紀錄，在此次比賽中她共獲得 5 枚金牌、創造 5 項短池世界紀錄。

1994 年在羅馬舉行的第七屆世界游泳錦標賽上，她獲得 4 枚金牌。在 50 公尺自由式比賽中以 24.51 奪取金牌，並打破該項目世界紀錄，100 公尺自由式以 54.01 的成績奪得金牌，並打破由美國的湯普森在 1992 年創造的 54.48 的世界紀錄，還與隊友一起在 4×100 公尺自由式和 4×100 公尺混合泳兩項接力中，分別以 3：37.91 和 4：01.67 的成績奪得金牌，並打破這兩個項目的世界紀錄。

蔣丞稷（1975～　　　）

中國男子游泳運動員，上海市人。50 公尺自由

式、100公尺蝶泳亞洲紀錄保持者,在1996年亞特蘭大奧運會上,他獲得兩項第四名,是我國男子游泳運動員在奧運會中取得的最好成績。蔣丞稷7歲進入上海盧灣區少體校,1988年進入上海隊,1993年入選國家隊,主攻短距離自由式和蝶泳。特點是手臂力量足,動作協調。在他之前,中國男子選手還從未進入過奧運會前八名。

1992年他獲得全國游泳冠軍賽100公尺蝶泳冠軍。1994年5月,在全國游泳冠軍賽中,他獲得100公尺蝶泳冠軍,並創亞洲紀錄。1995年第二屆世界短池游泳錦標賽中,他獲得100公尺蝶泳銅牌。1996年初世界杯短池系列賽香港、北京兩站,兩獲50公尺蝶泳冠軍。1996年奧運會選拔賽,他獲得100公尺自由式、50公尺和100公尺蝶泳冠軍。

在1996年亞特蘭大奧運會上,他50公尺自由式成績22.33,名列第四,與第三名相差僅0.09秒;100公尺蝶泳成績53.20,同樣名列第四,並打破這兩個項目亞洲紀錄。1997年第八屆全國運動會上,他獲得50公尺自由式、100公尺自由式、100公尺蝶泳、4×100公尺自由式接力和4×100公尺混合泳接力5枚金牌。在1998年亞運會上,他以50公尺自由式22.38的成績獲得金牌。

王大力（1968～　　　）

中國男子游泳運動員，河北省保定市人。曾獲亞運會金牌、創造亞洲紀錄。1986年在漢城舉行的第十屆亞運會上，他獲得1500公尺自由式金牌和400公尺自由式銅牌，並打破亞運會紀錄。1988年，在第三屆亞洲游泳錦標賽上他獲得400公尺和1500公尺自由式兩枚金牌。1990年，在第十一屆亞運會上他獲得200公尺自由式銅牌，並與隊友一起獲得4×100公尺自由式接力銀牌。

他的運動生涯頗為曲折。儘管他有1.80公尺的身高，但體重只有60多公斤，早年曾進入北京體育學院附屬競技體校，後在河北省隊作為「編外隊員」參加代訓。1983年被國家集訓隊選中，在漢城亞運會上取得1500公尺自由式金牌，是我國長距離游泳項目在亞洲取得的第一塊金牌。

謝軍（1968～　　　）

中國男子游泳運動員，上海人。曾獲亞運會金牌、創造亞洲紀錄。謝軍6歲學游泳，1983年入選上海游泳隊，主攻中長距離自由式和個人混合泳。多年的系統訓練使他掌握了嫻熟而全面的游泳技術，形成了良好的

身體素質和承擔高水準訓練的能力，自 1985 年入選國家集訓隊以來，多次創 400 公尺、200 公尺自由式全國紀錄。

1985 年上半年打破 400 公尺自由式全國紀錄，下半年在首屆全國青少年運動會上獲 4 個項目的冠軍。1986 年在第十屆亞運會上，以 4：00.35 的成績奪得 400 公尺自由式金牌，並與隊友一起獲得 4×200 公尺自由式接力銀牌。1987 年第六屆全運會上，他獲得 3 枚金牌、4 枚銀牌。

1988 年在第三屆亞洲游泳錦標賽上獲兩項冠軍，同年入選中國奧運代表隊參加第二十四屆奧運會游泳比賽。1990 年，在第十一屆亞運會上獲得 4 枚金牌、1 枚銀牌、1 枚銅牌。

單鶯（1978～　　　）

中國女子游泳運動員，浙江省杭州市人。曾獲亞運會金牌、世界錦標賽接力金牌。單鶯 7 歲學游泳，1987 年進入杭州市體校，1990 年入廣州軍區游泳隊，成績提高很快，同年在全國錦標賽上以 2：02.72 奪得 200 公尺自由式桂冠。

1992 年在北京舉行的亞太地區游泳比賽上，她奪得 50 公尺、100 公尺、200 公尺自由式冠軍，並與隊友

一起奪得 4×100 公尺自由式接力和 4×100 公尺混合泳接力兩項第一名，初露鋒芒。1993 年入國家游泳集訓隊，同年在法國國際邀請賽上，奪得 50 公尺、100 公尺自由式、4×100 公尺自由式接力等 4 項第一名。在西班牙舉行的首屆世界短池錦標賽上，她與隊友一起奪得 4×100 公尺自由式接力和 4×200 公尺自由式接力金牌並創這兩個項目世界紀錄。

1994 年在羅馬舉行的第七屆世界游泳錦標賽上，她與隊友一起在 4×100 公尺自由式接力中以 3：37.91 奪得金牌，並打破該項世界紀錄。同年 10 月，在廣島舉行的第十二屆亞運會上，她在 100 公尺自由式中以 54.50 奪得金牌，並打破亞洲紀錄，還與隊友一起在 4×100 公尺混合泳接力中以 4：07.69 奪得金牌。

羅萍（1978～　　　）

中國女子游泳運動員，江西南昌市人。

1990 年全國游泳分區賽獲年齡組 400 公尺自由式第一名。1992 年在全國游泳錦標賽獲得 800 公尺自由式銀牌，400 公尺游泳銅牌。1993 年在全國游泳冠軍賽獲得 800 公尺自由式冠軍，同年獲首屆東亞運動會 800 公尺自由式金牌。10 月在第七屆全運會游泳比賽中獲 400 公尺、800 公尺自由式第二、三名。12 月獲全國短

池錦標賽 800 公尺自由式金牌，打破該項目全國紀錄。

1994 年 1 月在世界杯短池游泳系列賽中，她獲得 800 公尺自由式亞軍。5 月，參加全國游泳冠軍賽在 800 公尺和 400 公尺自由式中，分別獲第一名和第三名。9 月在羅馬舉行的第七屆世界游泳錦標賽上，她獲得 800 公尺自由式第五名，打破該項目亞洲紀錄。10 月在廣島舉行的亞運會上，她以 8：31.57 獲得金牌，並打破亞洲紀錄。

雅尼·博格（Arne Borg, 1901 年出生）

瑞典男子游泳運動員，在 1921～1929 年間共 32 次打破世界紀錄，他是世界上第一個突破 1500 公尺自由式 20 分大關的人。他曾兩次參加奧運會，共獲得 5 枚獎牌（1 金，2 銀，2 銅）。

1924 年奧運會他獲得 400 公尺、1500 公尺自由式銀牌，與隊友在 4×200 公尺自由式接力賽中獲銅牌。1928 年奧運會他獲得 1500 公尺自由式金牌（成績是 19：51.8）、400 公尺自由式銅牌。

1927 年他創造 1500 公尺自由式世界紀錄，成績 19：07.2，並保持了 12 年之久。除了游泳之外，他還是水球好手，後來成為體育記者。1966 年被列入國際游泳名人堂。

瓊尼・韋斯摩勒（Johnny Weiss Mueller, 1904～1984）

美國男子游泳運動員。一生中曾先後 24 次刷新男子自由式和仰泳世界紀錄，並與隊友合作多次刷新接力項目的世界紀錄。他的童年在芝加哥度過的，在密歇根湖里學會了游泳。童年時期，他的體質欠佳，醫生曾診斷他患有軟骨病，正是由於從事游泳活動，才使他的體格逐漸健壯，成為著名運動員。

1924 年在巴黎奧運會上，他 1 人獨得 3 枚金牌，並創造 100 公尺、400 公尺自由式和 4×200 公尺自由式接力項目的世界紀錄。1928 年在阿姆斯特丹奧運會上，他又獲得 100 公尺自由式和 4×200 公尺自由式兩枚金牌。

在 1922～1932 年 10 年間，他在國際游泳界一直處於領先地位，他共參加過兩屆奧運會，獲得 5 枚金牌，是世界上第一個突破男子 100 公尺自由式 1 分大關的游泳運動員。1950 年，在美聯社組織的有 250 名體育記者參加的評選活動中，韋斯摩勒被評為前半世紀最佳游泳運動員。1924 年他把 100 公尺自由式的紀錄提高到 57.4，並保持了 10 年之久，1927 年又以 51.00 創造了 100 碼自由式世界紀錄，17 年後才被人打破。

1928 年，他被邀請到好萊塢擔任電影《人猿泰山》的主角，在 20 年間，他扮演的泰山整整拍了 19 集影片。這些影片的成功使他名聲大振，轟動了世界。

　　吉爾裘德·埃德勒（ Gertrude Ederle, 1906 年出生）

　　美國女子游泳運動員。她是現代世界體育史上年紀最小的世界紀錄創造者。1919 年 8 月在印地安納波斯，當她打破 880 碼自由式世界紀錄時只有 12 歲 10 個月。1923 年她以 1：12.8 創造 100 公尺自由式世界紀錄。同年又以 2：45.2 創造 200 公尺自由式世界紀錄。

　　1924 年奧運會她獲得 4×100 公尺自由式接力金牌，並以 4：58.8 創造世界紀錄，她還獲得 100 公尺、400 公尺自由式銅牌。1925 年她又獲得 6 項冠軍。1926 年 8 月，她成為世界上第一個橫渡英吉利海峽的女子。她以 14 小時 31 分游完法國到英國的 56 公里全程，打破了男子紀錄。她先後九次刷新世界紀錄，她是德國血統的美國女子，1965 年第一批名列國際游泳名人堂。

　　維根海德·赫維格爾（ Ragnhild Hveger, 1920 年出生）

　　丹麥女子游泳運動員，有「丹麥魚雷」「丹麥快

艇」之稱。1936～1942 年間，她曾 42 次刷新 200 公
尺、400 公尺、800 公尺自由式和 200 公尺仰泳世界紀
錄，成為當時游泳史上創世界游泳紀錄最多的女運動
員。

1936 年她 15 歲時參加奧運會，獲得 400 公尺自由
式銀牌。1937 年她以 2：41.3 創造 200 公尺仰泳世界
紀錄。1940 年她以 5：00.1 創造的 400 公尺自由式世
界紀錄，保持了 16 年之後才被打破。

第二次世界大戰打破了她原想參加 1940 年芬蘭奧
運會的夢想，當時正是她的黃金時代。她 22 歲結婚，
29 歲復出，1952 年 31 歲時還獲得奧運會 400 公尺自由
式第五名。她退役後在丹麥任教練。1966 年名列國際
游泳名人堂。

古橋廣之進（Furuhashi Hironoshi, 1929 年出生）

日本男子游泳運動員。生於靜岡，畢業於日本大
學，世界著名自由式中長距離運動員，曾 34 次刷新
400 公尺、800 公尺、1500 公尺自由式世界紀錄。

1948 年日本因是戰敗國不能參加奧運會，遂與倫
敦舉行第十四屆奧運會同時舉行了全日錦標賽。他在
400 公尺和 1500 公尺自由式比賽中，分別打破了世界

紀錄。

1949 年，他又創造男子 800 公尺自由式世界紀錄。同年，他參加全美室外錦標賽時，再次刷新 1500 公尺自由式世界紀錄，轟動了整個美國游泳界，接著又以最新成績獲得 400 公尺和 800 公尺自由式冠軍，1 人獨得 3 項冠軍，緊接著在夏威夷的日美友誼賽中他又刷新了 400 公尺和 800 公尺自由式的世界紀錄，被日本譽為英雄。他在 1950 年又再次刷新 400 公尺和 800 公尺自由式世界紀錄。他最後一次打破紀錄是在赫爾辛基奧運會上，他和隊友一起創造了 4×200 公尺自由式接力的世界紀錄。

古橋是在第二次世界大戰後開始其運動生涯的。當時由於日本是戰敗國，糧食極端缺乏，以白薯為食，運動員參加比賽均自備糧食，他就是在這樣的年代下成長的。他曾任日本大學文理學部教授、日本體協理事、日本奧林匹克委員會常務委員、國際大學生運動聯盟執行委員、日本游泳聯盟會長等職。

戴恩·弗雷澤（Dawn Fnasew, 1937～　）

澳大利女子游泳運動員。曾 18 次刷新 100 公尺、200 公尺自由式和 4×100 公尺自由式、4×100 公尺混合泳接力的世界紀錄。她是游泳史上第一個連續參加過 3

次奧運會，並蟬聯 3 屆女子 100 公尺自由式冠軍的運動員。她還在其他 4 個項目中獲得四枚銀牌。

她又是世界上第一個突破 100 公尺自由式 1 分大關的女運動員。她連續 12 次改寫了 100 公尺自由式世界紀錄，先後刷新了 200 公尺自由式世界紀錄，並保持了 8 年之久。她和隊友合作，曾兩次打破接力項目的世界紀錄，因而被譽為水中飛魚。她 27 歲才退出泳壇。1962 年在歐洲共同體舉行的運動會上，她游出了 59.9 的成績，從而改寫了女子 100 公尺自由式的歷史。

1964 年 3 月，正在雪梨進行東京奧運會集訓的她不慎出了車禍，引起了頸椎骨裂。人們猜測她將因此告別泳壇。然而，10 月 13 日她竟然奇蹟般地出現在東京奧運會游泳賽上，第三次奪得了 100 公尺自由式金牌。她的個性放任不羈，以獨特的性格在游泳史上以不朽的功績給人留下難以忘懷的印象。

約翰·康拉茲（John Konrads, 1942～　　　）

澳大利男子游泳運動員。在 1958～1960 年他曾 32 次創造 200 公尺、400 公尺、800 公尺、1500 公尺自由式世界紀錄。1960 年羅馬奧運會他獲得 3 枚獎牌：1500 公尺自由式以 17：19.6 獲得金牌，並創奧運會紀錄；400 公尺自由式以 4：21.8 和 4×200 公尺自由式接

力以 8：13.2 獲得兩枚銅牌。

　　他的妹妹也在該屆奧運會上獲得女子 4×100 公尺自由式接力銀牌。他曾 17 次創造 400 公尺、800 公尺、1500 公尺自由式世界紀錄。他們原是拉脫維亞里加人，1944 年隨父母到德國，1949 年流亡到澳大利。1971 年他們兄妹倆雙雙列入國際游泳名人堂。

　　唐納德・斯科蘭德（Donald Scholland, 1946～　）

　　美國男子游泳運動員。曾 22 次刷新世界紀錄，37 次打破美國紀錄，曾參加兩屆奧運會。1963 年他以 1：58.8 創世界紀錄，成為世界上首破 200 公尺自由式 2 分大關的人。

　　1964 年東京奧運會時，他剛滿 18 歲，就 1 人獨得 4 枚金牌：100 公尺自由式（成績 53.4，打破奧運會紀錄）、400 公尺自由式 4：12.2（創造世界紀錄），並與隊友獲得 4×100 公尺自由式接力、4×200 公尺自由式接力金牌（創造世界紀錄）。1968 年奧運會他與隊友獲得 4×200 公尺自由式接力金牌，並獲得 200 公尺自由式銀牌，成績是 1：55.8。

　　他的父親是位體育家。他 9 歲時進入游泳俱樂部，15 歲參加加州聖克拉游泳訓練中心。1964 年他被選為當年世界最佳運動員，1965 年進入耶魯大學學習，由

於患病停止了游泳訓練。1966 年他重返泳壇，並打破了 200 公尺、400 公尺自由式世界紀錄。

喬迪·斯金納（Jonty Skinner, 1954～　　　）

南非男子游泳運動員。1976 年當他以 49.49 的優異成績打破男子 100 公尺自由式世界紀錄時，他就成了游泳史上第一個 100 公尺自由式突破 50 秒大關的人，但因為南非當時尚不屬於國際游泳聯合會成員國，因此該紀錄不算正式成績。但該成績直至 10 年後的 1986 年，仍然排在世界第三位，只被美國的蓋恩斯和比昂迪超過。

吉姆·蒙哥馬利（JimMontomery, 1955～　　　）

美國男子游泳運動員。曾先後 4 次刷新 100 公尺自由式世界紀錄，其中最佳成績為 49.99，也是世界上早期突破 100 公尺自由式 50 秒大關的人之一。

1976 年他在第二十一屆奧運會上獲得 100 公尺自由式、4×200 公尺自由式接力、4×100 公尺混合泳接力三枚金牌，並刷新了 100 公尺自由式的世界紀錄。他曾三次參加世界游泳錦標賽：1973 年獲得 100 公尺、200 公尺自由式、4×100 公尺自由式接力、4×200 公尺自由式接力和 4×100 公尺混合泳接力 5 枚金牌；1975 年和

1978 年均獲得 4×100 公尺自由式接力賽冠軍，並多次
獲得多枚銀牌和銅牌。

科尼利亞·恩德爾（Koenelia Ende 1958~　　）

　　前東德女子游泳運動員。曾 21 次刷新世界紀錄，
是當時女子打破游泳世界紀錄最多的運動員，是 70 年
代世界泳壇的風雲人物。她在 1973 年第一屆世界游泳
錦標賽中獲得 4 項冠軍，有 100 公尺自由式、100 公尺
蝶泳、4×100 公尺自由式接力和 4×100 公尺混合泳接
力金牌，其中三項打破世界紀錄。

　　1975 年她在第二屆世界游泳錦標賽中，蟬聯此 4
項的冠軍，並在自由式接力賽中與隊友共同刷新了該項
世界紀錄。

　　1976 年她在第二十一屆奧運會中獲得了 100 公
尺、200 公尺自由式和 100 公尺蝶泳 3 個單項及與隊友
共同取得 4×100 公尺混合泳接力共 4 枚金牌，並創 1
項世界紀錄。恩德爾雄居國際泳壇五年之久，10 次打
破 100 公尺自由式的世界紀錄，4 次刷新 200 公尺自由
式世界紀錄，3 次刷新 100 公尺蝶泳世界紀錄，4 次與
隊友合作刷新 4×100 公尺自由式接力和 4×10 公尺混合
泳接力的世界紀錄。

蓋恩斯（1958～　　　）

　　美國男子游泳運動員。曾 3 次刷新 100 公尺、200 公尺自由式和 3 個接力項目共 6 項世界紀錄。1980 年 4 月在全美游泳錦標賽中，他以 1：49.16 打破了 200 公尺自由式世界紀錄，100 公尺自由式成績為 49.61，均超過第二十二屆奧運會冠軍成績，列當年世界首位。

　　1981 年 4 月他又以 49.36 的成績打破了斯金納保持五年之久的 100 公尺自由式世界紀錄，被合眾國際社評為該年世界男女優秀運動員之一。1982 年他再以 1：48.93 刷新 200 公尺自由式世界紀錄。同年在第四屆世界游泳錦標賽上獲得 100 公尺、200 公尺自由式兩枚銀牌，4×100 公尺自由式接力、4×200 公尺自由式接力和 4×100 公尺混合泳接力與隊友合作獲得 3 項世界冠軍，成績分別是 3：19.26、7：21.09、3：40.84，3 個項目均打破世界紀錄。

　　1984 年在洛杉磯奧運會上，他又獲得三枚金牌。其中 100 公尺自由式成績是 49.80，另兩個項目與隊友合作，4×100 公尺自由式接力成績是 3：19.03，4×200 公尺自由式接力成績是 7：15.69。蓋恩斯的出發技術是採用目前起動最快的蹲踞式出發，轉身採用側滾翻轉身技術。

伏拉迪公尺爾・薩爾尼科夫（Vladimir Salnikov, 1960）

　　前蘇聯男子游泳運動員。曾先後 20 次刷新男子 400 公尺、800 公尺和 1500 公尺自由式世界紀錄。兩度被《游泳世界》雜誌評為世界最佳運動員，是前蘇聯惟一榮膺這一稱號的運動員。他還 4 次被評為前蘇聯十佳運動員。

　　1980 年在莫斯科奧運會上，他一舉奪得 3 枚金牌，並打破 1500 公尺自由式世界紀錄。爾後，他 14 次創造世界最好成績，在 1500 公尺自由式比賽中，連續 6 年不敗。1986 年經過每天 3 萬公尺的大運動量訓練後，他再創 800 公尺自由式世界紀錄。1988 年漢城奧運會上，他又獲得了 1500 公尺自由式金牌，時年已 28 歲；1984 年時，他編寫了《勝利的游泳比賽》一書，1988 年奧運會後，薩爾尼科夫正式退役，出任國家游泳隊總教練。

　　薩爾尼科夫出生於列寧格勒，畢業於列寧格勒大學體育系。8 歲開始參加游泳訓練，他個性倔強，具有堅強而刻苦的精神，因而能不斷在長距離游泳項目中取得好成績。

托馬斯·賈格爾（ThomasJacobsen,1965~　）

　　美國男子游泳運動員，前50公尺自由式世界紀錄保持者。1986年獲50公尺自由式世界冠軍，他曾5次打破50公尺自由式世界紀錄。1985年以22.40、1987年以22.32（泛太平洋游泳錦標賽冠軍）獲年度最好成績，並打破世界紀錄。1988年漢城奧運會獲得50公尺自由式銀牌。

　　1989年蟬聯泛太平洋錦標賽50公尺自由式冠軍，並以22.12的成績第四次打破該項目的世界紀錄。1990年3月25日，他在1天之內兩創50公尺自由式的世界紀錄，成績分別為21.98、21.81。1992年在巴塞隆那奧運會獲得50公尺自由式金牌。

　　賈格爾8歲時參加聖路易斯東路的YMCA游泳隊，12歲轉到聖路易斯西部的公園路游泳俱樂部訓練，他幾乎把所有的業餘時間和精力花在游泳訓練上。至今，還沒有任何一名游泳運動員在50公尺自由式項目上取得可與賈格爾相媲美的成績。

馬特·比昂迪（Matt Biondi, 1966~　）

　　美國男子游泳運動員。曾在1個月內連續3次刷新100公尺自由式世界紀錄，他又是世界上首破百公尺自

由式 49 秒大關的人。他在 50 公尺、100 公尺自由式和自由式接力、混合泳接力中和他的隊友一起共 9 次刷新世界紀錄。

比昂迪原是水球運動員。1984 年，由美國主辦的洛杉磯奧運會引起了他的興趣，在參加美國奧林匹克游泳選拔賽並入選後，他開始了游泳專門訓練的生涯。在奧運會上，他與隊友一起奪得了男子 4×100 公尺自由式接力的金牌，並打破了世界紀錄。

1986 年在馬德里世界錦標賽上，他獲得了 3 枚金牌、1 枚銀牌和 3 枚銅牌。1988 年在漢城奧運會他奪得了 50 公尺、100 公尺自由式，4×100 公尺、4×200 公尺自由式接力和 4×100 公尺混合泳接力共 5 枚金牌。此外，他還獲得 100 公尺蝶泳銀牌和 200 公尺自由式銅牌，共計 7 枚獎牌，是第二十四屆奧運會獲得個人獎牌數最多的男運動員。

比昂迪生於美國加利福尼亞州，5 歲學習游泳，但未參加正規訓練，在 17 歲之前從未參加過游泳比賽。由於他連續多次刷新 100 公尺自由式世界紀錄，被譽為「世界游得最快的人」和「魚雷快艇」。根據 42 家有影響的新聞機構的評選，1988 年國際體育記者協會把他列為「世界優秀運動員」的榜首。

亞歷山大‧波波夫（AlexanderPopov,1971~ ）

俄羅斯男子游泳運動員，斯維德洛夫斯克人。是90年代最傑出的短距離自由式運動員，他曾四次刷新世界紀錄。波波夫是50公尺自由式世界紀錄保持者（成績為21.64），也是在50公尺自由式中游進22秒的世界僅有的四人之一。

亞歷山大‧波波夫在1992年巴塞隆那和1996年亞特蘭大奧運會上均獲得了50公尺和100公尺自由式金牌。他是自1928年維斯穆勒以來衛冕100公尺自由式冠軍的第一人，也是兩次獲得奧運會50公尺自由式金牌的惟一一人。

1994年6月在摩洛哥，波波夫創造了100公尺自由式48.21的世界紀錄；同年，在羅馬舉行的第七屆世界游泳錦標賽上，他奪得50公尺和100公尺自由式兩枚金牌，成績分別是22.17和49.12。

1998年1月在澳大利第八屆世界游泳錦標賽上，他以48.93的成績再次獲得100公尺自由式的冠軍。從1990年底到1998年，他總共獲得了15項歐洲冠軍，獲4枚奧運會金牌和3次世界錦標賽冠軍。然而，自1996年亞特蘭大奧運會後，波波夫遭受了一連串意外的失敗，他在1998年1月的澳大利亞第八屆世界游泳

錦標賽上，美國的皮爾楚克（Bill Pilczuk）在 50 公尺自由式中爆冷門打敗了波波夫，這是波波夫自 1990年底以來首次在大型國際比賽中敗北。1999 年 7 月歐洲錦標賽上，波波夫在之前連續獲得 4 塊金牌的 100公尺自由式項目中，被荷蘭選手霍根班德超越，結束了這位俄羅斯天才在 100 公尺自由式項目中長期處於壟斷地位的局面。

珍妮特・埃文斯（Janet Evans, 1972～　　　）

美國女子游泳運動員。曾 6 次刷新 400 公尺、800公尺和 1500 公尺自由式世界紀錄（其中 800 公尺和1500 公尺自由式的世界紀錄已保持了 9 年之久）。埃文斯出生於美國加州的普拉森夏，小時便參加游泳運動，開始只覺得好玩，後來才逐漸入了迷。10 歲時奪得全美分齡賽 200 公尺自由式冠軍。

埃文斯的訓練與美國目前的長距離選手不同，她採取量少而質高，強度和密度很大的方法。這終於使她一鳴驚人。

在她 15 歲那年刷新 3 項世界紀錄：1987 年 7 月底在克洛維斯舉行的全美游泳錦標賽上，她一舉打破 800公尺和 1500 公尺兩項世界紀錄，同年 12 月又創造了400 公尺自由式的世界新紀錄。1988 年 3 月她再次改寫

800 公尺和 1500 公尺自由式世界紀錄，並成為世界上第一個突破 1500 公尺 16 分大關的女運動員。

1988 年在漢城奧運會上，她奪得 400 公尺自由式、800 公尺自由式和 400 公尺個人混合泳 3 項金牌。1989 年第三屆泛太平洋游泳錦標賽上再建功勛，奪得四枚金牌，並被評為當年「傑出的女子業餘運動員」。1991 年在第六屆世界游泳錦標賽上，她奪得了 400 公尺、800 公尺自由式兩枚金牌。

1992 年在巴塞隆那第二十五屆奧運會上，她奪得800 公尺自由式金牌、400 公尺自由式銀牌。1994 年在羅馬舉行的第七屆世界游泳錦標賽上，她奪得 800 公尺自由式金牌，蟬聯該項冠軍。埃文斯 1987 年被《中國體育報》評為世界十佳運動員之一，還被世界 42 家有影響的新聞機構評為「1988 年世界優秀女運動員」。

基倫·帕金斯（Kieren Perkins, 1973~ ）

澳大利男子游泳運動員，布里斯班人。他是有史以來最佳的長距離自由式選手之一，近年數次打破中長距離自由式項目世界紀錄。帕金斯在 1992 年巴塞羅那第二十五屆奧運會上一鳴驚人，奪得 1500 公尺自由式金牌（14：3.48）並打破世界紀錄，同時獲得 400 公尺自由式銀牌（3：45.16）。

帕金斯在其職業游泳生涯中曾多次改寫世界紀錄。1992 年巴塞隆那奧運會後，帕金斯離開了游泳池兩個月，他說自己筋疲力盡，身體狀況不好，於是帕金斯體重增加了 14 公斤，直到將近兩年後他才重返最佳狀態，掀起了刷新世界紀錄的狂潮。

1994 年的英聯邦運動會上，帕金斯同一天在 800 公尺和 1500 公尺自由式項目上打破了世界紀錄，成績分別是 7：46.00 和 14：41.66；16 天後，在羅馬舉行的第七屆世界游泳錦標賽 400 公尺自由式決賽中，他以 3：43.80 的成績刷新了由獨聯體運動員薩多維在巴塞隆那奧運會創造的 3：45.00 的該項目世界紀錄，由此包攬了男子中長距離 400 公尺、800 公尺、1500 公尺自由式世界紀錄，成為當時包攬世界紀錄最多的人。

1996 年亞特蘭大奧運會上，帕金斯差點未進入決賽，結果因禍得福，以其出色的表現成功衛冕 1500 公尺自由式奧運冠軍，成為了澳大利體育史上最為永恆的一刻。在 2000 年雪梨奧運會上，帕金斯獲得 1500 公尺自由式銀牌。

皮特·霍根班德（Pieter Vanden Hoogenband 1978~　）

荷蘭男子游泳運動員，埃因霍溫人。是第二十七屆

奧運會 100 公尺、200 公尺自由式冠軍和世界紀錄保持者。皮特・霍根班德在 1999 年土耳其伊斯坦布爾進行的歐洲游泳錦標賽上取得歷史性的突破，他奪得了 6 枚金牌，加入世界精英游泳運動員的行列。他奪得冠軍的 6個項目是：50 公尺自由式、100 公尺自由式、200 公尺自由式、4×100 公尺自由式接力、4×100 公尺混合泳接力和 50 公尺蝶泳。

霍根班德在 1999 年的歐洲游泳錦標賽上最值得回憶的片段是戰勝了俄羅斯游泳運動員亞歷山大・波波夫，而後者 8 年來 100 公尺自由式從未在國際比賽中失利過。霍根班德奪冠的成績列在 100 公尺自由式歷史第三位，僅次於波波夫的世界紀錄（48.21）和比昂迪的美國全國紀錄（48.42）。在其後的 50 公尺自由式決賽中，霍根班德讓波波夫第二次嘗到了失敗的滋味。在2000 年雪梨奧運會上，霍根班德獲得 100 公尺自由式、200 公尺自由式金牌和 50 公尺自由式銀牌。

伊恩・索普（Ian Thorpe, 1982～ ）

澳大利男子游泳運動員，雪梨人。第二十七屆奧運會 400 公尺自由式冠軍、曾十餘次刷新世界紀錄，是近年泳壇的耀眼新星。伊恩・索普在 15 歲時便成為最年輕的 400 公尺自由式男子世界冠軍。

在 1999 年雪梨舉行的泛太平洋游泳錦標賽上，第一天他便以 3：41.83 的成績打破了 400 公尺自由式的世界紀錄，並獲得金牌，將同胞帕金斯保持的原世界紀錄提高了近 2 秒；1 天以後，他在 200 公尺自由式預賽中游出 1：46.34 的佳績，創造了又一項世界紀錄，而在該項比賽的決賽中，再次改寫了世界紀錄，其獲勝的成績是 1：46.00。

在這次錦標賽上，索普除了取得個人項目的優異成績以外，還幫助澳大利隊打破了 4×200 公尺自由式接力的世界紀錄。

每次比賽前索普都會鼓勵自己不要緊張，剛開始時，索普在澳大利被認為只是流星而已，但漸漸地，這位享有「索普魚雷」之稱的游泳運動員已經受到了如同搖滾明星的待遇，成為了澳大利國內的名人。

2000 年 5 月在雪梨舉行的澳大利全國錦標賽暨奧運選拔賽中，索普 3 度打破世界紀錄。

他首先在 5 月 13 日的 400 公尺自由式項目中以 3：41.33 的成績刷新了他自己保持的世界紀錄；接著在 200 公尺自由式的半決賽和決賽中分別以 1：45.69 和 1：45.51 的成績兩次打破世界紀錄，而且實際上他在比賽的衝刺階段還有所保留，沒有傾盡全力衝擊。在 2000 年雪梨奧運會上，索普獲得了 400 公尺自由式、

4×100 公尺自由式接力、4×200 公尺自由式接力金牌和 200 公尺自由式銀牌。

　　2001 年，在澳大利游泳錦標賽上，索普三天內接連獲得男子 400 公尺自由式、男子 800 公尺自由式和男子 200 公尺自由式三項桂冠，並且打破了男子 800 公尺自由式和 200 公尺自由式的世界紀錄。

大展出版社有限公司
品冠文化出版社

圖書目錄

地址：台北市北投區（石牌）　　　電話：（02）28236031
　　　致遠一路二段12巷1號　　　　　28236033
郵撥：01669551＜大展＞　　　　傳真：（02）28272069

·生活廣場· 品冠編號 61

1.	366 天誕生星	李芳黛譯	280 元
2.	366 天誕生花與誕生石	李芳黛譯	280 元
3.	科學命相	淺野八郎著	220 元
4.	已知的他界科學	陳蒼杰譯	220 元
5.	開拓未來的他界科學	陳蒼杰譯	220 元
6.	世紀末變態心理犯罪檔案	沈永嘉譯	240 元
7.	366 天開運年鑑	林廷宇編著	230 元
8.	色彩學與你	野村順一著	230 元
9.	科學手相	淺野八郎著	230 元
10.	你也能成為戀愛高手	柯富陽編著	220 元
11.	血型與十二星座	許淑瑛編著	230 元
12.	動物測驗—人性現形	淺野八郎著	200 元
13.	愛情、幸福完全自測	淺野八郎著	200 元
14.	輕鬆攻佔女性	趙奕世編著	230 元
15.	解讀命運密碼	郭宗德著	200 元
16.	由客家了解亞洲	高木桂藏著	220 元

·女醫師系列· 品冠編號 62

1.	子宮內膜症	國府田清子著	200 元
2.	子宮肌瘤	黑島淳子著	200 元
3.	上班女性的壓力症候群	池下育子著	200 元
4.	漏尿、尿失禁	中田真木著	200 元
5.	高齡生產	大鷹美子著	200 元
6.	子宮癌	上坊敏子著	200 元
7.	避孕	早乙女智子著	200 元
8.	不孕症	中村春根著	200 元
9.	生理痛與生理不順	堀口雅子著	200 元
10.	更年期	野末悅子著	200 元

·傳統民俗療法· 品冠編號 63

1.	神奇刀療法	潘文雄著	200 元

2. 神奇拍打療法	安在峰著	200 元
3. 神奇拔罐療法	安在峰著	200 元
4. 神奇艾灸療法	安在峰著	200 元
5. 神奇貼敷療法	安在峰著	200 元
6. 神奇薰洗療法	安在峰著	200 元
7. 神奇耳穴療法	安在峰著	200 元
8. 神奇指針療法	安在峰著	200 元
9. 神奇藥酒療法	安在峰著	200 元
10. 神奇藥茶療法	安在峰著	200 元
11. 神奇推拿療法	張貴荷著	200 元
12. 神奇止痛療法	漆 浩 著	200 元

·彩色圖解保健· 品冠編號 64

1. 瘦身	主婦之友社	300 元
2. 腰痛	主婦之友社	300 元
3. 肩膀痠痛	主婦之友社	300 元
4. 腰、膝、腳的疼痛	主婦之友社	300 元
5. 壓力、精神疲勞	主婦之友社	300 元
6. 眼睛疲勞、視力減退	主婦之友社	300 元

·心 想 事 成· 品冠編號 65

1. 魔法愛情點心	結城莫拉著	120 元
2. 可愛手工飾品	結城莫拉著	120 元
3. 可愛打扮 & 髮型	結城莫拉著	120 元
4. 撲克牌算命	結城莫拉著	120 元

·少 年 偵 探· 品冠編號 66

1. 怪盜二十面相	（精）	江戶川亂步著	特價 189 元
2. 少年偵探團	（精）	江戶川亂步著	特價 189 元
3. 妖怪博士	（精）	江戶川亂步著	特價 189 元
4. 大金塊	（精）	江戶川亂步著	特價 230 元
5. 青銅魔人	（精）	江戶川亂步著	特價 230 元
6. 地底魔術王	（精）	江戶川亂步著	特價 230 元
7. 透明怪人	（精）	江戶川亂步著	特價 230 元
8. 怪人四十面相	（精）	江戶川亂步著	特價 230 元
9. 宇宙怪人	（精）	江戶川亂步著	特價 230 元
10. 恐怖的鐵塔王國	（精）	江戶川亂步著	特價 230 元
11. 灰色巨人	（精）	江戶川亂步著	特價 230 元
12. 海底魔術師	（精）	江戶川亂步著	特價 230 元
13. 黃金豹	（精）	江戶川亂步著	特價 230 元
14. 魔法博士	（精）	江戶川亂步著	特價 230 元

15. 馬戲怪人　　　　（精）　江戶川亂步著　特價 230 元
16. 魔人銅鑼　　　　（精）　江戶川亂步著　特價 230 元
17. 魔法人偶　　　　（精）　江戶川亂步著　特價 230 元
18. 奇面城的秘密　　（精）　江戶川亂步著　特價 230 元
19. 夜光人　　　　　（精）　江戶川亂步著　特價 230 元
20. 塔上的魔術師　　（精）　江戶川亂步著　特價 230 元
21. 鐵人 Q　　　　　（精）　江戶川亂步著　特價 230 元
22. 假面恐怖王　　　（精）　江戶川亂步著
23. 電人 M　　　　　（精）　江戶川亂步著
24. 二十面相的詛咒　（精）　江戶川亂步著
25. 飛天二十面相　　（精）　江戶川亂步著
26. 黃金怪獸　　　　（精）　江戶川亂步著

・熱 門 新 知・品冠編號 67

1. 圖解基因與 DNA　　（精）　　　中原英臣 主編 230 元
2. 圖解人體的神奇　　（精）　　　米山公啟 主編 230 元
3. 圖解腦與心的構造　（精）　　　永田和哉 主編 230 元
4. 圖解科學的神奇　　（精）　　　鳥海光弘 主編 230 元
5. 圖解數學的神奇　　（精）　　　柳 谷 晃 著

法律專欄連載・大展編號 58

台大法學院　　　法律學系／策劃
　　　　　　　　　法律服務社／編著

1. 別讓您的權利睡著了(1)　　　　　　　　　200 元
2. 別讓您的權利睡著了(2)　　　　　　　　　200 元

・武 術 特 輯・大展編號 10

1. 陳式太極拳入門　　　　　　馮志強編著　180 元
2. 武式太極拳　　　　　　　　郝少如編著　200 元
3. 練功十八法入門　　　　　　蕭京凌編著　120 元
4. 教門長拳　　　　　　　　　蕭京凌編著　150 元
5. 跆拳道　　　　　　　　　　蕭京凌編譯　180 元
6. 正傳合氣道　　　　　　　　程曉鈴譯　　200 元
7. 圖解雙節棍　　　　　　　　陳銘遠著　　150 元
8. 格鬥空手道　　　　　　　　鄭旭旭編著　200 元
9. 實用跆拳道　　　　　　　　陳國榮編著　200 元
10. 武術初學指南　　　李文英、解守德編著　250 元
11. 泰國拳　　　　　　　　　　陳國榮著　　180 元
12. 中國式摔跤　　　　　　　　黃　斌編著　180 元
13. 太極劍入門　　　　　　　　李德印編著　180 元
14. 太極拳運動　　　　　　　　運動司編　　250 元

・原地太極拳系列・大展編號 11

·名師出高徒· 大展編號 111

1.	武術基本功與基本動作	劉玉萍編著	200 元
2.	長拳入門與精進	吳彬 等著	220 元
3.	劍術刀術入門與精進	楊柏龍等著	220 元
4.	棍術、槍術入門與精進	邱丕相編著	220 元
5.	南拳入門與精進	朱瑞琪編著	220 元
6.	散手入門與精進	張 山等著	220 元
7.	太極拳入門與精進	李德印編著	280 元
8.	太極推手入門與精進	田金龍編著	220 元

·實用武術技擊· 大展編號 112

1.	實用自衛拳法	溫佐惠 著	250 元
2.	搏擊術精選	陳清山等著	220 元
3.	秘傳防身絕技	程崑彬 著	230 元
4.	振藩截拳道入門	陳琦平 著	220 元
5.	實用擒拿法	韓建中 著	220 元
6.	擒拿反擒拿 88 法	韓建中 著	250 元

·中國武術規定套路· 大展編號 113

1.	螳螂拳	中國武術系列	300 元
2.	劈掛拳	規定套路編寫組	300 元
3.	八極拳		

·中華傳統武術· 大展編號 114

1.	中華古今兵械圖考	裴錫榮 主編	280 元
2.	武當劍	陳湘陵 編著	200 元
3.	梁派八卦掌（老八掌）	李子鳴 遺著	220 元
4.	少林 72 藝與武當 36 功	裴錫榮 主編	230 元
5.	三十六把擒拿	佐藤金兵衛 主編	200 元
6.	武當太極拳與盤手 20 法	裴錫榮 主編	元

·少 林 功 夫· 大展編號 115

1.	少林打擂秘訣	德虔、素法 編著	300 元
2.	少林三大名拳 炮拳、大洪拳、六合拳	門惠豐 等著	200 元
3.	少林三絕 氣功、點穴、擒拿	德虔 編著	300 元

·道 學 文 化· 大展編號 12

1.	道在養生：道教長壽術	郝勤 等著	250 元

2. 龍虎丹道：道教內丹術　　　　　　郝勤　著　300元
3. 天上人間：道教神仙譜系　　　　　黃德海著　250元
4. 步罡踏斗：道教祭禮儀典　　　　　張澤洪著　250元
5. 道醫窺秘：道教醫學康復術　　　　王慶餘等著　250元
6. 勸善成仙：道教生命倫理　　　　　李　剛著　250元
7. 洞天福地：道教宮觀勝境　　　　　沙銘壽著　250元
8. 青詞碧簫：道教文學藝術　　　　　楊光文等著　250元
9. 沈博絕麗：道教格言精粹　　　　　朱耕發等著　250元

・易 學 智 慧・大展編號122

1. 易學與管理　　　　　　　　　　　余敦康主編　250元
2. 易學與養生　　　　　　　　　　　劉長林等著　300元
3. 易學與美學　　　　　　　　　　　劉綱紀等著　300元
4. 易學與科技　　　　　　　　　　　董光壁著　280元
5. 易學與建築　　　　　　　　　　　韓增祿著　280元
6. 易學源流　　　　　　　　　　　　鄭萬耕著　280元
7. 易學的思維　　　　　　　　　　　傅雲龍等著　250元
8. 周易與易圖　　　　　　　　　　　李　申著　250元
9. 易學與佛教　　　　　　　　　　　王仲堯著　　元

・神 算 大 師・大展編號123

1. 劉伯溫神算兵法　　　　　　　　　應　涵編著　280元
2. 姜太公神算兵法　　　　　　　　　應　涵編著　280元
3. 鬼谷子神算兵法　　　　　　　　　應　涵編著　280元
4. 諸葛亮神算兵法　　　　　　　　　應　涵編著　280元

・命 理 與 預 言・大展編號06

1. 12星座算命術　　　　　　　　　　訪星珠著　200元
2. 中國式面相學入門　　　　　　　　蕭京凌編著　180元
3. 圖解命運學　　　　　　　　　　　陸明編著　200元
4. 中國秘傳面相術　　　　　　　　　陳炳崑編著　180元
5. 13星座占星術　　　　　　　　　　馬克・矢崎著　200元
6. 命名彙典　　　　　　　　　　　　水雲居士編著　180元
7. 簡明紫微斗術命運學　　　　　　　唐龍編著　220元
8. 住宅風水吉凶判斷法　　　　　　　琪輝編譯　180元
9. 鬼谷算命秘術　　　　　　　　　　鬼谷子著　200元
10. 密教開運咒法　　　　　　　　　　中岡俊哉著　250元
11. 女性星魂術　　　　　　　　　　　岩滿羅門著　200元
12. 簡明四柱推命學　　　　　　　　　呂昌釧編著　230元
13. 手相鑑定奧秘　　　　　　　　　　高山東明著　200元
14. 簡易精確手相　　　　　　　　　　高山東明著　200元

國家圖書館出版品預行編目資料

爬泳（自由式）技術與練習／吳河海等主編
——初版，——臺北市，大展，民92（2003年）
　　面；21公分，——（運動遊戲；10）
　　ISBN 957‑468‑215‑3（平裝）

1. 游泳
528.96　　　　　　　　　　　　92004247

爬泳（自由式）技術與練習　ISBN 957‑468‑215‑3

主 編 者／吳 河 海　等
責任編輯／王　　勃
發 行 人／蔡 森 明
出 版 者／大展出版社有限公司
社　　址／台北市北投區（石牌）致遠一路2段12巷1號
電　　話／（02）28236031・28236033・28233123
傳　　眞／（02）28272069
郵政劃撥／01669551
E ‑ mail／dah‑jaan @pchome.net.tw
登 記 證／局版臺業字第2171號
承 印 者／國順文具印刷行
裝　　訂／協億印製廠股份有限公司
排 版 者／弘益電腦排版有限公司
初版1刷／2003年（民92年）5月

定　價／180元

●本書若有破損、缺頁敬請寄回本社更換●

大展好書　好書大展

品嘗好書　冠群可期